DAS RECHT DES BAUSPARVERTRAGS

UNTER BERÜCKSICHTIGUNG DER RICHTLINIEN DES REICHSAUFSICHTSAMTS FÜR PRIVATVERSICHERUNG

gemeinverständlich dargestellt von

DR. RUDOLF MAGNUS
RECHTSANWALT IN HAMBURG

FRIEDERICHSEN, DE GRUYTER & CO. m. b. H., HAMBURG
1932

Druck von Ackermann & Wulff Nachflg., Hamburg 11

Inhaltsverzeichnis

Vorwort.

Die Daseinsberechtigung dieses Buches beruht darauf, daß eine zusammenhängende Darstellung der in ihm behandelten Fragen des materiellen Bausparrechts bisher fehlt. Die bisherigen Werke befassen sich entweder mit den wirtschaftlichen und technischen Fragen des Bausparwesens oder mit denen des Aufsichtsrechts. Eine Ausnahme macht der treffliche neue Kommentar von Berliner-Fromm, indem er wenigstens auf einigen Seiten eine Übersicht über das Vertragsrecht bringt, die aber natürlich nicht genügt, die vorhandene Lücke auszufüllen.

Als wichtiges Material mußten die im September d. J. bekanntgewordenen im Reichsaufsichtsamt für Privatversicherung ausgearbeiteten allgemeinen Spar- und Darlehnsbedingungen angesehen werden, weil sie die Stellungnahme des RAA. zu den einschlägigen Rechtsfragen ergibt. Sie wurden daher allen Umfangs in meiner Darstellung — unter der Bezeichnung „Normativbedingungen" — behandelt.

Über einzelne Rechtsfragen ist manches geschrieben worden. Leider ist es sehr schwer, dies Material, das über eine Unzahl von Zeitschriften verstreut ist, zum Teil sich in Tageszeitungen oder den eigenen Hauszeitschriften der Bausparkassen befindet, auch nur einigermaßen vollständig zu erfassen. Auch ist der Wert dieser Arbeiten sehr ungleich. Das Wesentlichste glaube ich benutzt zu haben, jedenfalls ist weit mehr Literatur verarbeitet, als die Anmerkungen erkennen lassen. In diesen habe ich mich absichtlich beschränkt. Vor allem habe ich von Belegen absehen zu sollen geglaubt, soweit es sich um gesicherte Ergebnisse allgemeinen Rechts handelt, welche ich selbstverständlich unter Benutzung des bekannten Schrifttums und der Rechtsprechung kontrolliert habe.

Da das Buch auch für Nichtjuristen bestimmt ist, sind zum Teil auch Begriffe des allgemeinen Rechts erläutert worden, während andererseits die speziellen Rechtsfragen einer tieferen Fundierung bedurften. Die Anlage des Buchs mußte hierdurch an Einheitlichkeit einbüßen, was ich zu meinem Bedauern nicht vermeiden konnte.

Eine ausführliche Darstellung des Aufsichtsrechts lag nicht in meinem Plan, wie auch von einem Abdruck des Aufsichtsgesetzes abgesehen wurde. Wer sich mit dem Gesetz zu befassen hat, wird doch einen der bekannten Kommentare zu Hilfe nehmen müssen, mit denen in Wettbewerb zu treten nicht in meiner Absicht liegt.

Dagegen sind die Bestimmungen der Notverordnung vom 14. Juni 1932 über Bausparkassen aufgenommen, weil sie einmal tief in das Vertragsrecht einschneiden, außerdem aber in den bisherigen Gesetzesausgaben noch nicht enthalten sind. Auch die Aufnahme der Rundverfügung vom 15. Februar 1932 wird begrüßt werden, da sie sonst weiteren Kreisen nicht zugänglich ist.

Hamburg, im November 1932.

Abkürzungen.

Paragraphen ohne weitere Bezeichnung sind die des Gesetzes über die Beaufsichtigung der privaten Versicherungsunternehmungen und Bausparkassen.

Berliner-Fromm: Gesetz über die Beaufsichtigung der privaten Versicherungsunternehmungen und Bausparkassen. 4. Auflage der Rehmschen Ausgabe. Eingehend erläutert von Dr. jur. Ludwig Berliner und Gerhard Erich Fromm. München, 1932.

J. W.: Juristische Wochenschrift.

Magnus, HGZ.: Magnus, Eine Grundfrage des Bausparvertragsrechts. Hanseatische Rechts- und Gerichtszeitschrift, 1932, A, Seite 507 (auch im Sonderdruck).

Meier-v. Gruner: Das Gesetz über die Beaufsichtigung der Bausparkassen, aus dem Gesetz über die Beaufsichtigung der privaten Versicherungsunternehmungen und Bausparkassen vom 6. Juni 1931 im Zusammenhange dargestellt und für die Praxis erläutert von Werner Meier und Justus von Gruner. Verlag Deutsche Bauzeitung, Berlin.

Möller, Zentralblatt für Handelsrecht: Dr. Hans Möller, Grundfragen des Bausparvertragsrechts, Zentralblatt für Handelsrecht, 1932, Seite 65 (auch im Sonderdruck).

Möller, HGZ.: Möller, Eine Grundfrage des Bausparvertragsrechts, Hanseatische Rechts- und Gerichtszeitschrift, 1932, A, Seite 513 (auch im Sonderdruck).

Ploetz: Dr. von Ploetz, Presse- und Nachrichtenkorrespondenz für das deutsche Bau- und Zwecksparwesen.

I.

Voraussetzungen der Darstellung.

a) Einleitung.

Das Bausparwesen ist in England und Amerika seit langer Zeit hochentwickelt, ist aber in Deutschland vollkommen selbständig und vom Ausland unabhängig entstanden; auch weicht die Art des Geschäftsbetriebes so wesentlich von der der ausländischen Bausparkassen ab, daß eine geschichtliche Betrachtung, die keinen Anspruch auf Vollständigkeit erheben will, an diesen Vorbildern vorübergehen darf[1]. Die Geschichte der deutschen Bausparbewegung beginnt mit der Gründung der „Bausparkasse der Gemeinschaft der Freunde" durch Georg Kropp in Wüstenrot, einem kleinen Ort Württembergs, im Jahre 1924. Nach anfänglichen Schwierigkeiten nahm dieses Unternehmen einen gewaltigen Aufschwung, andere Gründungen entstanden in immer steigendem Tempo, und in kurzer Zeit war — zweifellos begünstigt durch die Wohnungsnot — das Bausparen in Deutschland zu einem bedeutsamen Wirtschaftsfaktor geworden.

Es ist kein Wunder, daß eine so schnelle Entwicklung alsbald auch erhebliche Mißstände zeitigte, die den Ruf nach gesetzlicher Regelung immer lauter werden ließen. Zwar mußten Bausparkassen, um ihre Geschäfte betreiben zu können, im Besitz des Depot- und Depositenrechts sein (Gesetz vom 16. Juni 1925), aber diese Fessel war doch recht locker, ganz abgesehen davon, daß sie mit einiger Geschicklichkeit ganz abgestreift werden konnte.

Im Jahre 1929 veröffentlichte der Reichsverband deutscher Wohnungsfürsorgegesellschaften den privaten Entwurf eines Bausparkassengesetzes, und etwa zu derselben Zeit wurde ein amtlicher Entwurf im Reichsarbeitsministerium ausgearbeitet, der aber nicht zur Vorlage an die gesetzgebenden Körperschaften kam.

Mit Ende des Jahres 1929 lief die Geltungsdauer des Gesetzes über Depot- und Depositengeschäfte ab. Seine Verlängerung in abgeänderter Form war beabsichtigt, und es wurden nunmehr die geplanten Vorschriften über Bausparkassen in den im Reichswirtschaftsministerium ausgearbeiteten Entwurf aufgenommen. Dieser Entwurf ist unter Beigabe einer amtlichen Begründung den Interessentenkreisen zugänglich gemacht worden; wir werden ihn als ersten Entwurf bezeichnen.

Als mit Ablauf des Jahres 1929 das Gesetz noch nicht verabschiedet war, begann eine Zeit, in der nun jede gesetzliche

[1] Näheres in dem grundlegenden Werk von Alexander Block, Bausparen in England, Amerika und Deutschland. Bauweltverlag, Berlin.

Hemmung fehlte, was sich alsbald durch eine starke Zunahme der Gründungstätigkeit auswirkte. Zwar wies die Regierung darauf hin, daß alle diese Neugründungen bei der späteren gesetzlichen Regelung Gefahr liefen, verboten zu werden, aber das Bevorstehen des Gesetzes bewirkte gerade, daß man sich beeilte, die Zeit auszunutzen, während der die Fesseln der staatlichen Aufsicht noch fehlten.

Im Laufe des Jahres 1930 wurde der Entwurf im vorläufigen Reichswirtschaftsrat und im Reichsrat beraten. Zusätze des ersteren wurden aus später zu erörternden Gründen ausnahmslos abgelehnt.

Mittlerweile entstanden wegen der Depotbestimmungen des Entwurfs Schwierigkeiten, andererseits machte sich infolge unliebsamer Vorkommnisse bei Versicherungsgesellschaften („Favag") eine Ergänzung des Versicherungsaufsichtsgesetzes notwendig, und da ohnehin die Aufsichtsbestimmungen in vielen Beziehungen denen für Versicherungsgesellschaften angeglichen werden sollten, ergab sich die naheliegende Folgerung, die Bestimmungen über Bausparkassen nunmehr in die Novelle zum Versicherungsaufsichtsgesetz hineinzuarbeiten. Dieser Entwurf, den wir den zweiten nennen wollen, wurde mit Begründung im Februar 1931 dem Reichstag zugeleitet, von diesem mit einigen Änderungen angenommen und nach Annahme durch den Reichsrat am 1. April 1931 verkündet. Auf Grund gesetzlicher Autorisation wurde dann das Versicherungsaufsichtsgesetz in seiner neuen Gestalt und auch sprachlich neu redigiert nochmals am 6. Juni 1931 im Reichsgesetzblatt veröffentlicht (S. 315 ff.). Soweit seine Vorschriften sich auf Bausparkassen beziehen, sind sie am 1. Oktober 1931 in Kraft getreten.

Über die Zahl der bis dahin gegründeten Bausparkassen gingen die Schätzungen ziemlich auseinander. Tatsächlich haben etwa 300 Bausparkassen innerhalb der vorgeschriebenen Frist der Behörde ihre Geschäftspläne eingereicht bzw. den Antrag auf Zulassung gestellt. Die Zahl ihrer Bausparer wurde auf etwa 400 000 geschätzt. Dazu kommen die der Aufsicht nicht unterstehenden öffentlichen Bausparkassen. Welche Zahl nach Beendigung des Prüfungs- und Zulassungsverfahrens übrig bleiben wird, ist zurzeit noch nicht zu übersehen.

So sehr allgemein bekannt ist, daß nunmehr eine gesetzliche Regelung des Bausparwesens besteht, so groß dürfte andererseits die Unkenntnis über die Tragweite derselben sein. Im Versicherungsrecht unterscheiden wir zwei Gesetze, das Versicherungsaufsichtsgesetz[2]) aus dem Jahre 1901 und das Gesetz über den privaten Versicherungsvertrag[3]) aus dem Jahre 1908. Den Namen entspricht der Inhalt, das erstere regelt die gesetzliche Aufsicht und die mit ihr in Zusammenhang stehenden Verwaltungsmaßnahmen, Voraussetzungen der Zulassung usw., während das letztere die Bestimmungen über den Inhalt der Versicherungsverträge, das sogenannte materielle Recht, enthält.

[2]) „VAG".
[3]) „VVG".

Von solchen materiellrechtlichen Bestimmungen hat nun der Gesetzgeber für das Bausparwesen bewußt vorerst abgesehen. „Die Bausparbewegung ist noch viel zu sehr im Fluß, als daß auf der einen Seite die Gefahr einer unvollständigen, auf der anderen Seite die Gefahr einer die weitere Entwicklung hemmenden Regelung des materiellen Bausparrechts vermieden werden könnte"[4]). Auch im Versicherungsrecht war man seinerzeit davon ausgegangen, daß „jemehr bereits durch das Verwaltungsrecht und die Tätigkeit der Aufsichtsbehörde die Wirkung erzielt werde, daß die Rechte und Pflichten der Versicherer und der Versicherten durch die Vertragsbedingungen und deren praktische Handhabung klar und verständlich hingestellt, daß ausbeutende, schikanöse, betrügerische oder irreführende Vertragsbestimmungen hintangehalten werden, um so weniger die Gesetzgebung auf dem Gebiet des Privatrechts veranlaßt sein werde, die Vertragsfreiheit der Parteien durch Vorschriften zwingenden Rechts einzuengen"[5]). Dieser gesunde Gedanke ist auch der Grund dafür gewesen, daß die Regierung, wie schon erwähnt, alle Vorschriften, deren Aufnahme der vorläufige Reichswirtschaftsrat gewünscht hatte, ablehnte, weil sie nämlich Eingriffe in das materielle Recht bedeuteten. Es ist wichtig, das festzustellen, weil somit diese Vorschläge nicht etwa für sachlich unrichtig erklärt werden sollten, es sollte nur die starre gesetzliche Festlegung der in ihnen enthaltenen Grundsätze, wenigstens einstweilen, vermieden werden.

Damit ist die wichtige Aufgabe der Entwicklung des materiellen Bausparrechts vorderhand der Praxis und in erster Linie der Aufsichtsbehörde übertragen. In Erkenntnis dieser Aufgabe hat das Reichsaufsichtsamt für Privatversicherung im Februar 1932 eine Anordnung erlassen, die sich mit einer Reihe von Mißständen befaßt[6]), und des weiteren neuerdings Normativbedingungen ausgearbeitet, die zwar nur als Anhaltspunkte für den internen Dienstgebrauch gedacht, aber der Öffentlichkeit bekannt geworden sind[7]). Ihre Stellungnahme zu den einzelnen Rechtsfragen wird an den entsprechenden Stellen dieser Schrift behandelt werden.

Die vorstehenden Darlegungen ergeben, daß ein Buch, welches sich die Darstellung der beiderseitigen Rechte und Pflichten, also des materiellen Rechts, zur Aufgabe gesetzt hat, das Schwergewicht nicht auf den Inhalt des Gesetzes, sondern gerade auf das ungeschriebene Recht zu legen hat, wobei die Aufgabe im wesentlichen darin besteht, allgemein gültige Rechtssätze auf die besonderen

---

[4]) Begründung zum zweiten Entwurf, Seite 28.

[5]) Begründung zum zweiten Entwurf, Seite 28.

[6]) Abgedruckt im Anhang Seite 87.

[7]) Abgedruckt Ploetz 1932, Nr. 136, und im Informationsdienst des Reichsverbandes deutscher Bausparkassen 1932, Nr. 36. Von einem Abdruck in diesem Buch wurde abgesehen, da noch mit vielfachen Änderungen zu rechnen ist. Kritische Stellungnahme zu den Rechtsfragen: M a g n u s, Ploetz 1932 Nr. 140.

Erfordernisse des Bausparvertrags anzuwenden. Welches diese Erfordernisse sind, dafür soll der nächste Abschnitt die Grundlagen geben. Es folgt eine gedrängte Übersicht über den Inhalt des Gesetzes und dann als Hauptteil des Buches eine Darstellung der einzelnen Rechtsbeziehungen.

b) Die wirtschaftlichen Grundbegriffe des Bausparens.

Bausparen im rein sprachlichen Sinne des Wortes heißt Sparen zu einem bestimmten Zweck, nämlich zur Ansammlung von Kapital zwecks Bau eines Hauses. Tatsächlich verbindet man aber mit dem Wort sowohl im gewöhnlichen Sprachgebrauch als auch in der Sprache des Gesetzes noch eine weitere Bedeutung, die auf folgender Erwägung beruht:

Wenn 10 Personen, von denen jede zum Bau eines Hauses RM 10 000,— benötigt und jährlich RM 1000,— sparen kann, sich zusammentun, so entsteht eine Gemeinschaft, die schon in einem Jahre RM 10 000,— aufbringt und somit einem der Teilnehmer diesen Betrag zur Verwirklichung seines Zieles zur Verfügung stellen kann. Da die übrig bleibenden neun Teilnehmer auch im zweiten Jahre weitersparen, aber nur noch RM 9000,— aufbringen, muß, um wieder das gleiche Resultat zu erreichen, auch der erste seinen Beitrag weiter leisten, und das ist ja auch in der Ordnung, denn von dem Geld, das er erhalten hat, gehörten RM 9000,— seinen Gesellschaftern und müssen somit von ihm zurückgezahlt werden. Er muß also diesen Betrag mindestens in den gleichen Raten von RM 1000,— jährlich zurückgeben, und da es mit dem zweiten und den folgenden ebenso geht, werden 10 Jahre lang Jahr für Jahr RM 10 000,— zusammengebracht, so daß jedes Jahr einer der 10 Teilnehmer bauen kann. Daran also, daß jeder den für ihn erforderlichen Betrag selbst aufbringen muß, wird nichts geändert, aber durch den Zusammenschluß wird erreicht, daß nur einer ebenso lange sparen muß, um sein Haus zu bauen, als wenn er für sich allein sparen würde, während die anderen neun Teilnehmer dies Ziel mehr oder weniger früher erreichen. Diesen Zusammenschluß nun zu gemeinsamem Sparen nennen wir k o l l e k t i v e s Sparen, und wenn wir vom Bausparen schlechthin sprechen, so wird darunter das kollektive Sparen zum Zwecke des Hausbaus verstanden. Nur dieses ist Gegenstand der gesetzlichen Regelung und der vorliegenden Darstellung, da ein Sparvertrag ohne solchen kollektiven Zusammenschluß keine Besonderheiten bietet und die Eigenart der Rechtsbeziehungen gerade auf dem Kollektivismus beruht.

Es haben sich im Laufe der Zeit für verschiedene Begriffe des Bausparens feste Bezeichnungen entwickelt und sind zum Teil auch in das Gesetz übernommen, ohne dort näher erklärt zu werden. Diese Begriffe müssen als Grundlage der Darstellung zunächst erläutert werden, und das geschieht am besten, indem wir wieder das oben entwickelte einfache Beispiel[8]) zum Ausgangspunkt nehmen. Es zeigt uns zunächst, daß der Bausparer selbst sparen muß, bevor er Geld von der Bausparkasse erhalten kann, und daß er nachher das Erhaltene, soweit es nicht sein eigenes Spargeld darstellt, zurückzahlen muß, und zwar nicht an die anderen Bausparer, sondern an die Bausparkasse, deren wesentliche Aufgabe eben in der richtigen Verteilung der Gelder besteht. Demgemäß unterscheidet man die Spar- oder Wartezeit von der Darlehns- oder Tilgungszeit. Zwischen beiden liegt die Zuteilung, an die sich die kurze Auszahlungszeit anschließt. Vor der Zuteilung hat der Bausparer bei der Bausparkasse ein Sparguthaben, nachher schuldet er ihr ein Darlehen. Die Summe, die er auf Grund der Zuteilung erhält, und die sich also aus Sparguthaben und Darlehen zusammensetzt, wird Bausparsumme, auch einfach Vertragssumme genannt. Nicht begriffswesentlich, aber praktisch selbstverständlich ist, daß der Bausparer das erhaltene Darlehen hypothekarisch sichern muß.

Die Reihenfolge der Zuteilung richtig zu bestimmen, ist die wichtigste und schwierigste Aufgabe der Bausparkasse. Auf diesem Gebiet herrscht zurzeit in Deutschland noch die größte Verschiedenheit[9]). Das Für und Wider der einzelnen Systeme gegen einander abzuwägen, ist nicht Aufgabe dieser Schrift, wohl aber scheint es erforderlich, wenigstens so weit einen Überblick zu geben, daß der Leser die Grundzüge der verschiedenen Systeme mit ihren Fachausdrücken kennen lernt.

Wenn, wie bei unserem Beispiel, alle Teilnehmer zu gleicher Zeit die gleichen Leistungen bewirken, wird man die Auswahl nur durch das Los treffen können. Stellt man aber gegen dies theoretische Beispiel die Wirklichkeit, eine Bausparkasse mit laufendem Kundenkreis, verschiedenen Ansprüchen, verschiedener Leistungsfähigkeit und sowohl zeitlich als der Höhe nach unterschiedlichen Leistungen, so zeigt sich, daß verschiedene Momente für die Auswahl maßgebend sein können und somit verschiedene Zuteilungsysteme möglich sind. Sie zerfallen in drei Hauptgruppen, innerhalb deren dann wieder zahlreiche Varianten und Kombinationen vorkommen: Verlosungs-, Reihen- oder Listen- und Zeit-mal-Geld-System.

Bevor wir diese erklären, müssen wir eine andere Einteilungsmöglichkeit hervorheben, die sich daraus ergibt, daß entweder die ursprünglichen zehn Teilnehmer ihren Plan allein untereinander abwickeln und neue Kunden wieder zu einer besonderen Abteilung zu-

---

[8]) Dasselbe ist allgemein in der Literatur des Bausparwesens gebräuchlich.

[9]) Die Normativbedingungen mußten sich selbstverständlich auch für ein bestimmtes Zuteilungssystem entscheiden. Es ist aber nicht anzunehmen, daß dasselbe Allgemeingültigkeit beansprucht und daß nicht auch alle anderen funktionsfähigen Systeme ferner gstattet bleiben.

sammengefaßt werden, oder alle Bausparer zu ein und derselben Gemeinschaft zugelassen werden. Ersteres ist die geschlossene, letzteres die offene oder Einheitsgruppe. Die geschlossene Gruppe bildet sozusagen eine Bausparkasse für sich, jede Gruppe macht immer wieder das Aufbaustadium oder die Anlaufperiode mit kurzen Wartezeiten für die zuerst Zugeteilten und das Liquidationsstadium mit langen Wartezeiten für die letzten durch, während bei der offenen Gruppe nach Überwindung des Aufbaustadiums der Gleichgewichtszustand mit Durchschnittswartezeiten folgt und bis zur etwaigen wirklichen Liquidation der Bausparkasse anhält. Die geschlossenen Gruppen werden gebildet entweder nach Zeitabschnitten (z. B. Jahresgruppen) oder nach einer bestimmten Teilnehmerzahl oder nach bestimmter Höhe der Gesamtbausparsummen[10]). Die früher vielfach vertretene Auffassung, daß die Bildung geschlossener Gruppen Voraussetzung für die Aufstellung einwandfreier Tarife sei, kann heute als aufgegeben gelten, so daß die Frage, offene oder geschlossene Gruppe, wesentlich davon abhängen wird, welches Zuteilungssystem im übrigen angewendet wird.

Beim Verlosungssystem wird, wie der Name besagt, die Reihenfolge der Zuteilung durch das Los festgestellt. Wie bei jeder Lotterie erfordert das System die Aufstellung eines genauen Verlosungsplanes. Hierzu gehört das Vorhandensein einer bestimmten Teilnehmerzahl mit fest bestimmten Leistungen owohl für die Spar- als auch für die Tilgungszeit. Ist diese Zahl erreicht, so muß also die Gruppe geschlossen werden. Das reine Verlosungssystem ist bei den öffentlichen Bausparkassen in Anwendung.

Das Reihen- oder Listensystem läßt den Zeitpunkt des Beitritts entscheiden. Danach muß es mit der offenen Gruppe arbeiten, jeder neue Bausparer schließt sich in der Reihe der Wartenden hinten an. Auch dieses System erfordert grundsätzlich gleiche Höhe der Sparleistungen, doch kann bei Mehrleistungen das Überspringen von Vormännern gestattet werden. Geschieht dies nun schrankenlos, so kann sich allerdings ergeben, daß der „Sparschwache" dauernd von Stärkeren überflügelt wird und er niemals zum Zuge kommt. Da man nun einerseits Anreiz zu höchsten Leistungen geben wollte („Wettsparen"), andererseits auch den Sparschwachen zu ihrem Recht verhelfen wollte, ergab sich die Erfindung eines Systems, das zwar beliebig hohe Einzahlungen gestattet und die Reihenfolge der Zuteilung nach deren Wert bemißt, bei der Wertbemessung aber auch die Länge der Sparzeit als Faktor einstellt.

Dieses Zeit-mal-Geld-System, das von weitaus den meisten privaten Bausparkassen Deutschlands angewendet wird, be-

---

[10]) Eine Einteilung nach verschiedener Höhe der Leistungen ist keine Gruppeneinteilung in obigem Sinne, sondern die Aufstellung verschiedener Tarife.

rechnet den Wert der Leistungen des Bausparers zinszahlenmäßig aus dem Produkt von Zeit und Geld, so daß durch Zeitablauf auch der Sparschwache eine Schlüsselzahl oder Bewertungsziffer erhält, die ihm vor anderen Bausparern, die zwar mehr Geld einezahlt haben, aber erst später eingetreten sind, den Vorrang geben kann. Die Wissenschaft ist sich heute darüber einig, daß diese Berechnungsart kein „Schneeballsystem" darstellt, bei dem „den Letzten die Hunde beißen", wie es früher vielfach geglaubt wurde und auch heute noch hier und da von Feinden der Bausparbewegung behauptet wird.

Es mag bei dieser Gelegenheit betont werden, daß von einem Schneeballsystem bei einer Bausparkasse überhaupt niemals die Rede sein kann. Die Eigenart des Schneeballsystems liegt darin, daß der Kunde einen Teil seiner Leistung durch Beschaffung neuer Kunden bewirkt, während der Bausparer ja schließlich seine volle Leistung selbst bewirkt. Wohl aber ist der Zeitpunkt der Zuteilung von dem Zugang neuer Kunden abhängig, und man spricht daher von einem schneeballartigen System dann, wenn die Erzielung normaler Wartezeiten nicht bei gleichmäßigem Zugang, der wie bei jedem Unternehmen vorausgesetzt werden darf, sondern nur bei steigendem Zugang möglich ist. Die Funktionsfähigkeit eines Zuteilungssystems in diesem Sinne ist in erster Linie davon abhängig, daß die Spar- und Tilgungsleistungen eine gewisse Mindesthöhe haben, während die Reihenfolge der Zuteilung wesentlich eine Frage der Gerechtigkeit ist und die Wartezeiten nur indirekt beeinflußt, indem ein ungünstiges System ausreichenden Neuzugang verhindern kann. Das kann allerdings der Fall sein, wenn die Schlüsselzahlen der alten Bausparer trotz kleiner Einzahlungen so stark anwachsen, daß sie praktisch von niemandem mehr eingeholt werden können.

Umgekehrt besteht bei dem Wettsparen eine gewisse Gefahr, daß durch große Einzahlungen potenter Kunden der Sparschwache an die Wand gedrückt wird. Es leuchtet aber ein und ist auch mathematisch erwiesen, daß diese Gefahr nur während der Aufbauperiode besteht, daß dagegen die Mischung von Regel- und Wettsparern im Gleichgewichtszustand eher eine kleine Benachteiligung der Wettsparer mit sich bringt, die man vielleicht nicht als ungerecht ansehen kann. Es erscheint daher fraglich, ob das System der Normativbedingungen, die eine Trennung der Regel- und Wettsparer vorschreiben und für die letzteren noch gewisse Beschränkungen enthalten, sich auf die Dauer bewähren wird.

Die Furcht vor der Schneeballwirkung hat einige Bausparkassen veranlaßt, das Zeit-mal-Geld-System mit dem System geschlossener Gruppen zu verbinden. Bei näherer Betrachtung ergibt sich aber, daß diese Verbindung widersinnig ist, weil die Bildung zeitlich begrenzter Gruppen den Zeitfaktor auf die Dauer, und zwar gerade zum Nachteil der Sparschwachen, gänzlich wirkungslos werden läßt, so daß das

System sich in ein reines Geldsystem verwandelt, bei dem schon nach kurzer Zeit nur noch die Höhe der Einzahlung entscheidet und der Sparschwächste zwangsläufig der letzte seiner Gruppe wird.

Ob und wie die Bausparer in Gruppen zusammengefaßt sind, soll gemäß § 116 Ziff. 2 der Geschäftsplan angeben.

Endlich unterscheidet man, je nachdem die Sparguthaben einerseits und die Darlehen andererseits verzinst werden oder nicht, verzinsliche und zinsfreie Systeme.

c) Begriff der Bausparkasse.

Eine Bausparkasse ist eine Unternehmung, die den Abschluß von Bausparverträgen planmäßig betreibt. Während im Versicherungsrecht eine gesetzliche Bestimmung des Begriffs der Versicherungsunternehmung für überflüssig erachtet wurde, glaubte der Gesetzgeber, eine Erklärung des neuen Begriffes der Bausparkasse um so weniger entbehren zu können, als mit dem Versuch mancher Unternehmungen, sich der Ausficht zu entziehen, zu rechnen war. Sie ist in § 112 enthalten. Die Bestimmung hat keine privatrechtliche Bedeutung, sondern soll lediglich den Kreis derjenigen Unternehmungen festlegen, die den Aufsichtsvorschriften des Gesetzes unterstehen.

Tatsächlich engt nun die gesetzliche Definition den Begriff, wie er sich aus unseren bisherigen Darlegungen ergibt, nicht unerheblich ein. Sie umfaßt nur „Privatunternehmungen, bei denen durch die Leistungen mehrerer Sparer ein Vermögen aufgebracht werden soll, woraus die einzelnen Sparer Darlehen für Beschaffung oder Verbesserung von Wohnungen oder Siedlungen oder zur Ablösung hierzu eingegangener Verpflichtungen erhalten."

Sehen wir von der Ungenauigkeit ab, die darin liegt, daß der Bausparer, wie wir gesehen haben, nicht nur ein Darlehen, sondern die Bausparsumme erhält, sowie davon, daß das Darlehen auch aus sonstigem Vermögen beschafft werden kann, so ergeben sich folgende wesentliche Einschränkungen:

Nur Privatunternehmungen fallen unter das Gesetz, also nicht die öffentlichen Bausparkassen. Lediglich zu statistischen Zwecken haben auch diese der Aufsichtsbehörde gewisse Zählnachweise einzureichen (§ 151).

Der Zweck des Sparens muß sein entweder
- die Beschaffung von Wohnungen oder
- die Verbesserung von Wohnungen oder
- die Ablösung von Verbindlichkeiten, die für einen dieser Zwecke eingegangen sind oder endlich
- einer der vorstehenden Zwecke für Siedlungen.

Es muß sich also stets um Wohnungen oder Siedlungen, ländliche oder städtische, handeln. Die Bausparbewegung ist in Deutschland zweifellos aus der Eigenheimbewegung hervorgegangen, hat dann aber auch die Finanzierung sonstiger Bauten aufgenommen, und das Gesetz zieht den Kreis nun dahin, daß eigentlich nur gewerbliche Räume ausgenommen sind, während unter den Begriff der Wohnungen auch solche in Mietshäusern fallen, wie die Begründung zum ersten Entwurf ausdrücklich hervorhebt.

Bei der Ablösung von Verbindlichkeiten wird es sich regelmäßig um die Ablösung von Hypotheken, sogenannte Umschuldung, handeln, doch können auch hypothekarisch nicht gesicherte Darlehen hierunter fallen, sofern sie nur zu einem Wohnungsbau usw. in Beziehung stehen. Andererseits fällt die Umschuldung nicht unter das Gesetz, wenn die abzulösende Hypothek zu anderen als den aufgeführten Zwecken aufgenommen war.

Die Bedeutung dieser Einschränkungen liegt mehr im Negativen, denn es dürfte den Bausparkassen gestattet sein, Geld für alle erdenklichen Zwecke herzugeben, sofern nur das zu gewährende Darlehen hypothekarisch gesichert werden kann[11]. Beschränkt sich aber ein Unternehmen auf außerhalb des Gesetzes liegende Zwecke, so unterliegt es nicht der Aufsicht. Nur darin liegt der Unterschied der Bausparkassen von den sonstigen Zwecksparkassen. Betreibt aber ein Unternehmen neben anderen auch Bauspargeschäfte, so unterliegt es der Aufsicht mit allen seinen Geschäftszweigen. Es wird daher von den Zwecksparkassen, die nicht beaufsichtigt sein wollen, verlangt, daß sie das Betreiben von Bauspargeschäften satzungsgemäß ausschließen.

Gemäß § 2 hat die Aufsichtsbehörde zu entscheiden, ob eine Unternehmung der Aufsicht unterliegt; die von ihr getroffene Entscheidung ist für Gerichte und Verwaltungsbehörden bindend.

Unabhängig von diesen gesetzlichen Bestimmungen ist es natürlich für den Interessenten wichtig, ob die von ihm ins Auge gefaßte Bausparkasse Geld zu dem von ihm beabsichtigten Zweck hergibt. Darüber muß er sich also vor Vertragsabschluß vergewissern[12]. Die allgemeinen Spar- und Darlehnsbedingungen werden die zulässigen Verwendungszwecke anzugeben haben; außerdem soll nach § 117 der Gesellschaftsvertrag die einzelnen Geschäftsarten, die von der Bausparkasse betrieben werden, angeben.

d) Die Zulassung.

Bausparkassen bedürfen zum Geschäftsbetrieb der Erlaubnis der Aufsichtsbehörde (§ 5 Abs. 1). Mit dem Antrag auf Erlaubnis ist der Geschäftsplan einzureichen; er hat den Zweck und die Einrichtung der Unternehmung, den Bezirk des beabsichtigten Geschäftsbetriebes sowie namentlich auch die Verhältnisse klarzulegen, woraus sich die künftigen Verpflichtungen der Unternehmung als erfüllbar ergeben

[11]) Ähnlich die Normativbedingungen § 15.

[12]) Näheres Seite 34.

sollen (§ 5 Abs. 2). Die Erlaubnis wird ohne den Nachweis eines Bedürfnisses und, wenn nicht der Geschäftsplan den Wirkungskreis der Unternehmung auf eine bestimmte Zeit oder auf ein kleineres Gebiet beschränkt[13]), ohne Zeitbeschränkung und für den Umfang des Reiches erteilt (§ 6). Die Erlaubnis enthält die Genehmigung des eingereichten Geschäftsplans, sie kann aber unter der Auflage gewisser Änderungen desselben erteilt werden. Der Geschäftsbetrieb darf nur Aktiengesellschaften, Kommanditgesellschaften auf Aktien und Gesellschaften mit beschränkter Haftung erlaubt werden (§ 114). Diese Bestimmung, welche vor allem die bisher vielfach bestehende Rechtsform der Genossenschaft ausschaltet, ist auf den ersten Blick unverständlich. Einerseits befinden sich unter den vorgekommenen Mißständen keine, die auf die Eigentümlichkeit der Genossenschaftsform zurückzuführen wären, die sich im Gegenteil durchaus bewährt hatte; andererseits scheint sie geradezu die gegebene Form zu sein und ist auch im Ausland durchaus üblich. Auch das Vorbild des Versicherungsvereins auf Gegenseitigkeit hat sich gut bewährt. Vergleicht man damit den geringen Schutz, den die Aktiengesellschaft und vor allem die Gesellschaft mit beschränkter Haftung dem Publikum gewährt, und nimmt dazu die recht dürftige Begründung des Gesetzgebers zu dieser Regelung[14]), so kann man nicht umhin, ihren Grund weniger in diesen juristischen Vorwänden als vielmehr in politischen Hintergründen zu suchen. Es ist keineswegs überflüssig, hierüber zu sprechen, weil die Aufsichtsbehörde es in der Hand hat, einerseits die bisherigen Genossenschaften als solche bestehen zu lassen, was dem Vernehmen nach auch geschehen wird, andererseits bei den anderen Rechtsformen die Mindestanforderungen zu stellen, welche leider nicht in das Gesetz aufgenommen sind. Hierzu gehört zum Beispiel die Bestellung eines Aufsichtsrats und eine weitgehende Publizität bei Gesellschaften mit beschränkter Haftung.

Wie ist es nun mit den bei Inkrafttreten des Gesetzes bestehenden Bausparkassen? Es wurde bereits darauf hingewiesen, daß in der Geschichte des deutschen Bausparwesens der 31. Dezember 1929 eine wichtige Rolle spielt, weil mit diesem Tage das Gesetz über Depot- und Depositengeschäfte ablief. Demnach unterscheidet das Gesetz in § 133 zwischen denjenigen Bausparkassen, welche an diesem Tage im Besitz des Depot- und Depositenrechts waren, und denjenigen, die es nicht waren oder die erst später gegründet worden sind. Die ersteren bedürfen keiner Erlaubnis zum Geschäftsbetrieb; sie hatten lediglich innerhalb eines Monats nach Inkrafttreten des Gesetzes ihre Geschäftspläne einzureichen und können selbstverständlich zu Än-

[13]) Im Falle der Beschränkung auf ein kleineres Geschäftsgebiet werden dem Vernehmen nach die Anforderungen an das Eigenkapital der Bausparkasse geringer sein.

[14]) Begründung zum zweiten Entwurf Seite 30.

derungen derselben angehalten werden. Soweit sie in einer anderen als einer der zukünftig allein zugelassenen Rechtsformen betrieben werden, also insbesondere als Genossenschaft, kann ihnen eine Frist zur „Umbildung" gesetzt werden, doch ist zur Vermeidung längerer Unsicherheit solche Fristsetzung nur bis zum 30. September 1933 zulässig. Eine Genossenschaft, der bis zu diesem Termin eine Frist nicht gesetzt ist, kann also ihre Rechtsform endgültig beibehalten.

Diese Vorschriften gehen, wie die Begründung zum zweiten Entwurf sagt[15]), „von der Erwägung aus, daß Bausparkassen, die nach dem früheren Gesetz über die Depot- und Depositengeschäfte zum Geschäftsbetriebe berechtigt waren, gegenüber den anderen Bausparkassen bevorzugt zu behandeln sind".

Diese anderen Bausparkassen „sind mit dem Inkrafttreten des Gesetzes zunächst Unternehmungen, denen die Berechtigung zum Geschäftsbetriebe fehlt, die also erst die Erlaubnis zum Geschäftsbetrieb erwirken müssen"[16]). Da aber die Prüfung ihrer Anträge notwendig lange Zeit in Anspruch nimmt, hat man mit Rücksicht auf die Belange der Bausparer verhindern wollen, daß sie bis zur endgültigen Entscheidung ihre Pforten schließen müßten, und ihnen daher das vorläufige Weiterarbeiten gestattet, sofern sie bis zum 31. Oktober 1931 einen entsprechenden Antrag stellten. Es erscheint zweifelhaft, ob diese Bausparkassen vor der endgültigen Entscheidung schon der Aufsicht unterstehen; die Aufsichtsbehörde bejaht diese Frage, was sicher den Bedürfnissen der Praxis entspricht.

Auch ausländische Bausparkassen bedürfen, wenn sie im Inland Geschäfte betreiben wollen, der Zulassung. Über den Antrag entscheidet der Reichswirtschaftsminister, und zwar nach freiem Ermessen. Die Zulassung kann also auch versagt werden, wenn die für inländische Bausparkassen bestehenden Versagungsgründe nicht vorliegen. Liegen solche Gründe vor, so muß die Zulassung versagt werden. Als Voraussetzung der Zulassung wird ferner erfordert, daß die Unternehmung sich verpflichtet, im Reiche eine Niederlassung zu unterhalten und dafür einen im Reiche wohnenden Hauptbevollmächtigten zu bestellen (§§ 105 bis 111).

Inländischen Bausparkassen darf die Erlaubnis zum Geschäftsbetriebe nur versagt werden, wenn

1. der Geschäftsplan gesetzlichen Vorschriften widerspricht,
2. nach dem Geschäftsplan die Belange der Bausparer nicht hinreichend gewahrt oder durch die eingereichten fachlichen Geschäftsunterlagen die Verpflichtungen aus den Bausparverträgen nicht genügend als erfüllbar[17]) dargetan sind,

---

[15]) Seite 33.

[16]) Begründung zum zweiten Entwurf Seite 34.

[17]) Hier hat der Gesetzgeber aus der entsprechenden Bestimmung des Versicherungsrechts das Wort „dauernd" gestrichen, da die Aufsichtsbehörde bei der Entscheidung sich kaum über die dauernde Erfüllbarkeit klar sein könne (Begründung zum zweiten Entwurf Seite 30).

3. Tatsachen die Annahme rechtfertigen, der Geschäftsbetrieb werde nicht den Gesetzen oder den guten Sitten entsprechen (§§ 8, 115).

Hiervon ist die Bestimmung der Ziffer 1 eigentlich selbstverständlich und bedarf jedenfalls keiner weiteren Erklärung. Zu Ziffer 3 ist zu bemerken, daß sie unter anderem der Aufsichtsbehörde die Befugnis gibt, die Entfernung unzuverlässiger Geschäftsführer zu erzwingen. Die wichtigste und weitestgehende Bestimmung ist jedoch die der Ziffer 2. Sie gibt, trotz der scheinbaren Einschränkung durch das Wörtchen „nur", der Aufsichtsbehörde die Möglichkeit, jede Bestimmung im Geschäftsplan zu untersagen, die nach ihrer Meinung den Belangen der Bausparer abträglich ist, und damit sowohl in bezug auf Systemtechnik als auch die rechtliche Ausgestaltung die Zukunft des deutschen Bausparwesens entscheidend zu beeinflussen.

Auch jede Änderung des Geschäftsplanes bedarf der Anzeige und darf erst in Kraft gesetzt werden, wenn sie genehmigt worden ist; die Genehmigung darf nur aus den Gründen der §§ 8, 115 versagt werden (§ 13). Ebenso ist jede Fusion und ähnliches genehmigungspflichtig (§ 14).

e) Der Geschäftsplan.

Der auch sonst vorkommende Ausdruck „Geschäftsplan" findet im Gesetz keine Erläuterung. Aus den an ihn gestellten Anforderungen ergibt sich, daß er eine Sammlung von Urkunden darstellt, die in ihrer Gesamtheit aufzeigen, wie die Bausparkasse ihre Geschäfte zu führen beabsichtigt, und wie die beabsichtigte Geschäftsführung einwandfrei und unter Wahrung der Belange der Bausparer möglich ist. Als besondere Bestandteile sind hervorgehoben der Gesellschaftsvertrag (oder die Satzung) und die allgemeinen Spar- und Darlehnsbedingungen. Bei der jetzt folgenden Betrachtung ist aus Gründen sprachlicher Bequemlichkeit diese Unterscheidung beibehalten, es wird also unter dem Geschäftsplan nur derjenige Teil desselben verstanden, der außer dem Gesellschaftsvertrag und den allgemeinen Spar- und Darlehnsbedingungen vorhanden ist.

Die §§ 116—118 führen eine Reihe von Einzelheiten auf, die teils im Geschäftsplan, teils im Gesellschaftsvertrag, teils in den allgemeinen Spar- und Darlehnsbedingungen geregelt sein sollen. Diese Aufstellung ist nicht erschöpfend, und es muß unabhängig von derselben verlangt werden, daß das Rechtsverhältnis zwischen Bausparkasse und Bausparer in allen Einzelheiten vollständig geregelt wird, und zwar so, daß diese Regelung bindender Vertragsinhalt und dem Bausparer vollständig zugänglich wird. Es fragt sich, wo das zu geschehen hat.

Was zunächst den Gesellschaftsvertrag (die Satzung) betrifft, so hat er offensichtlich keine andere Aufgabe, als die formelle Struktur der Gesellschaft zu ordnen, insbesondere also ihre Organe zu bestimmen und denselben ihre Aufgaben zuzuweisen, aber nicht, das Vertragsrecht zu regeln. Das kann keinem Zweifel unterliegen bei einer der kapitalistischen Gesellschaftsformen, wie sie in Zukunft allein zugelassen sind, wohl aber bei denjenigen Bausparkassen, die als Genossenschaft betrieben werden. Der Bausparer ist gleichzeitig Mitglied der Genossenschaft und hat damit eine Doppelstellung. Die Verbindung ist nicht so eng wie beispielsweise beim Versicherungsverein, immerhin bestehen zwischen Mitgliedschaft und Bausparvertrag gewisse Beziehungen[18]). Diese dürfen aber nicht dazu führen, die zwischen den beiden Rechtskreisen bestehende Trennung zu verwischen. Prinzipiell ist die Satzung dazu da, den die Mitgliedschaft betreffenden sogenannten korporativen Rechtskreis zu regeln. Wie dem Versicherungsverein gestattet ist, die Vertragsbedingungen in die Satzung aufzunehmen, kann das auch bei der Bauspargenossenschaft geschehen; praktisch ist es nicht. Wenn es geschieht, so bedürfen sie zu ihrer Änderung derselben Voraussetzungen wie alle Satzungsänderungen, das heißt in der Regel einen mit mindestens Dreiviertelmehrheit gefaßten Beschluß der Mitgliederversammlung. Aber auch ein solcher an sich gültig gefaßter Beschluß kann nicht in die aus dem Bausparvertrag erworbenen Rechte der einzelnen Mitglieder eingreifen, und wenn in einzelnen Fällen Bausparkassen geglaubt haben, durch Satzungsänderung die Bedingungen der bereits geschlossenen Bausparverträge wirksam ändern zu können, so ist diese Ansicht unrichtig. Nur allgemeine Mitgliedschaftsrechte können durch Mehrheitsbeschluß geändert werden, keine Sonderrechte. Schon das Recht auf Abschluß eines Bausparvertrages zu den jeweils geltenden Bedingungen ist ein aus der Mitgliedschaft entspringendes Sonderrecht; die Vertragsrechte und Pflichten selbst ergeben sich alsdann aus dem abgeschlossenen Vertrag und haben mit der Mitgliedschaft nichts mehr zu tun. Hieraus ergibt sich auch, daß die fernere Frage, ob und wieweit der Bausparer Anspruch darauf hat, daß die Bausparkasse gleichartige Verträge in Zukunft auch mit anderen Bausparern abschließt, welches also seine Rechtsstellung bei zukünftiger Abänderung der allgemeinen Spar- und Darlehnsbedingungen ist, nicht aus der Mitgliedschaft zu lösen und demnach keine andere ist als bei einer anderen Bausparkasse[19]).

Der notwendige Inhalt des Gesellschaftsvertrages ergibt sich aus den einschlägigen Gesetzen und bedarf hier keiner weiteren Erörterung. Unser Gesetz fügt nur in § 117 hinzu, daß er die einzelnen Geschäftsarten bezeichnen und die Grundsätze für die Vermögensanlage angeben soll.

---

[18]) Siehe im Einzelnen Seite 84 ff.

[19]) Siehe hierzu den Abschnitt III e. Das spezielle Problem für die Genossenschaft ist behandelt von Ruth, Spar- und Darlehnsbedingungen der Baugenossenschaften, J. W. 1931 Seite 2356, jedoch trifft m. E. seine Problemstellung nicht den Kern der Sache.

Nach Meinung des Gesetzgebers wird „der Nachweis der Erfüllbarkeit der sich aus den Bausparverträgen ergebenden Verpflichtungen nur dann als erbracht angesehen werden können, wenn die geldliche Ausrüstung der Bausparkasse in ausreichender Höhe gesichert ist"[20]. Das Vorhandensein eines ausreichenden Eigenkapitals, das natürlich mit zu Zuteilungen verwendet werden kann, gehört also zu den Erfordernissen des Gesellschaftsvertrages.

Der Gesellschaftsvertrag ist dem Bausparer stets zugänglich, da er beim Handelsregister (die Satzung des eingetragenen Vereins beim Vereinsregister) eingesehen werden kann. Das Mitglied einer Genossenschaft oder eines Vereins hat außerdem Anspruch darauf, daß ihm ein Exemplar der Satzung ausgehändigt wird, da es ja auch über seine Rechte und Pflichten als Mitglied unterrichtet sein muß.

Der Geschäftsplan ist zunächst ein reines Internum der Geschäftsleitung, eine innere Anweisung zur Führung der Geschäfte. Erst durch seine Einreichung und die Genehmigung durch die Aufsichtsbehörde erhält der Geschäftsplan rechtliche Bedeutung, indem nunmehr die Bausparkasse zu seiner Einhaltung verpflichtet ist, soweit nicht Abweichungen statthaft sind[21]. Diese Verpflichtung besteht der Aufsichtsbehörde gegenüber und ist verwaltungsrechtlicher Natur. Ob sich aus derselben auch ein privatrechtlicher Anspruch der Bausparer auf Einhaltung des Geschäftsplans ergibt, erscheint mir zweifelhaft, doch ist die Frage insofern kaum von praktischer Bedeutung, als sowieso die Einhaltung am sichersten und schnellsten durch Anrufen der Aufsichtsbehörde zu erreichen sein wird.

Wesentlicher ist, ob der Bausparer überhaupt in der Lage sein wird, den Inhalt des Geschäftsplans zu erfahren, und diese Frage ist zu verneinen. Ein Anspruch in dieser Richtung besteht zweifellos nicht, im Gegenteil wird der Gechäftsplan meist von der Geschäftsleitung streng als Geschäftsgeheimnis gehütet werden. Schon hieraus ergibt sich die selbstverständliche Folgerung, daß alles das, was der Bausparer wissen muß, also die genaue Umschreibung seiner Rechte und Pflichten, nicht in den Geschäftsplan gehört, sondern in diejenige Urkunde, die ihm zugänglich ist, und das sind die allgemeinen Spar- und Darlehnsbedingungen. Diese Forderung muß in erster Linie erfüllt werden, wenn die Belange der Bausparer als hinreichend gewahrt angesehen werden sollen.

Vertragsbedingungen nennt man — juristisch etwas ungenau — die Einzelheiten eines Vertrages. Der der Bezeichnung „Allgemeine Versicherungsbedingungen" nachgebildete Ausdruck „Allgemeine Spar- und Darlehnsbedingungen" besagt, daß der planmäßige Abschluß mehrerer Verträge grundsätzlich zu den gleichen, „allgemeinen" Bedingungen erfolgen soll.

[20]) Begründung zum zweiten Entwurf Seite 31.

[21]) Über die Zulässigkeit solcher Abweichungen siehe Seite 30 f.

Wenn dieselben die aufgestellte Forderung nach Vollständigkeit erfüllen sollen, so stellen sie ein äußerst kompliziertes, umfangreiches Werk dar, das vor allem für den mit der Materie nicht Vertrauten nur schwer zu verstehen ist[22]. Es muß daher weiter die Forderung gestellt werden, daß dem Bausparer vor Stellung seines Antrags ein Exemplar der Bedingungen übergeben und Zeit zum Studium derselben gelassen wird. Eine entsprechende Vorschrift des ersten Entwurfs ist in das Gesetz nicht aufgenommen; es wird Sache der Aufsichtsbehörde sein, auf Erfüllung dieser Pflicht geschäftlichen Anstands zu sehen[23]. Jedenfalls ist dem Interessenten dringend zu raten, sich mit den Bedingungen vor Antragsstellung vertraut zu machen.

f) Die laufende Aufsicht.

Ist eine Bausparkasse zugelassen, so unterliegt sie den Bestimmungen des Gesetzes, und die Aufsichtsbehörde hat dauernd darauf zu achten, daß die für die Zulassung erforderlichen Voraussetzungen gewahrt bleiben.

Im einzelnen ist hervorzuheben[24]:

Die Buchführung ist durch besondere Vorschriften geregelt. Jedem Bausparer ist auf Verlangen ein Stück des Rechnungsabschlusses und des Jahresberichts mitzuteilen. Im übrigen kann die Aufsichtsbehörde bestimmen, wieweit und auf welche Weise jährlich Rechnungsabschluß und Jahresbericht den Bausparern zugänglich zu machen oder zu veröffentlichen sind (§ 55)[25]. Diese Bestimmung hat besondere Bedeutung für die Gesellschaften mit beschränkter Haftung, für welche an sich keine Publizierungsvorschriften bestehen. Der jährliche Rechnungsabschluß unterliegt der Nachprüfung durch einen sogenannten Prüfer, der im Einvernehmen mit der Aufsichtsbehörde bestellt wird; für kleinere Unternehmungen kann die Aufsichtsbehörde eine andere Art der Prüfung zulassen (§§ 57 bis 64). Außerdem wird bei jeder Bausparkasse von der Aufsichtsbehörde ein Vertrauensmann bestellt, dessen spezielle Aufgabe die Überwachung der Zuteilungen ist. Die Aufsichtsbehörde kann ihm weitere Aufgaben zuweisen. Ausnahmsweise kann an seiner Stelle ein ehrenamtlicher Vertrauensausschuß aus der Mitte der Bausparer eingesetzt werden (§ 119)[26].

---

[22]) Die sprachliche Fassung der Normativbedingungen ist m. E. schwieriger, als unbedingt notwendig ist.

[23]) So auch die Normativbedingungen, nach denen der Bausparer den Erhalt der Bedingungen ausdrücklich zu bescheinigen hat.

[24]) Dem Plan des Buchs gemäß ist diese Übersicht nur oberflächlich. Die für das Vertragsrecht bedeutsamen Aufsichtsbestimmungen sind an den entsprechenden Stellen ausführlicher behandelt.

[25]) Bisher sind solche Bestimmungen noch nicht erlassen, auch Bilanzierungsbestimmungen stehen noch aus.

[26]) M. W. ist bisher entsprechenden Anträgen von Bausparkassen noch in keinem Falle stattgegeben.

Einer besonderen Erlaubnis der Aufsichtsbehörde bedarf eine Bausparkasse zum Erwerb von Grundstücken, soweit der Erwerb nicht auf Grund vorgenommener Beleihung im Zwangsversteigerungsverfahren stattfindet (§ 54).

Die direkten Befugnisse der Aufsichtsbehörde sind in den §§ 81 bis 86 enthalten. Sie soll insbesondere auch von Zeit zu Zeit unvermutete Revisionen vornehmen. Handelt eine Unternehmung fortgesetzt den Pflichten zuwider, die ihr nach dem Gesetz oder dem genehmigten Geschäftsplan obliegen, oder ergeben sich bei einer Prüfung so schwere Mißstände, daß eine Fortsetzung des Geschäftsbetriebes die Belange der Bausparer gefährdet, so kann die Aufsichtsbehörde den Geschäftsbetrieb mit sofortiger Wirkung untersagen und alle nötigen Anordnungen treffen, insbesondere erforderlichenfalls die Einsetzung eines Vermögensverwalters anordnen (§ 87).

Konkurs einer Bausparkasse kann nur auf Antrag der Aufsichtsbehörde eröffnet werden (§ 88). Das Gesetz über den Vergleich zur Abwendung des Konkurses gilt für Bausparkassen nicht (§ 120). Eine außergerichtliche Sanierung kann aber durch besondere Anordnungen der Aufsichtsbehörde herbeigeführt werden (§ 89 und Notverordnung vom 14. Juni 1932 Kapitel V)[27]).

Aufsichtsbehörde für die Bausparkassen ist das Reichsaufsichtsamt für Privatversicherung in Berlin, auch wenn der Geschäftsbetrieb einer Bausparkasse auf ein Land beschränkt ist (§ 113). Seine Amtsführung ist in den §§ 90 bis 103 geregelt. Wichtigere Entscheidungen unterliegen der Berufung, die aber keine aufschiebende Wirkung hat. Zur Mitwirkung ist ein aus Sachverständigen des Bausparwesens gebildeter Beirat berufen (§ 121).

Verstöße gegen die Bestimmungen des Gesetzes werden in den §§ 134 bis 141 mit Strafe bedroht. Hiervon ist § 136 hervorzuheben, der Abweichungen vom Geschäftsplan bei der Zuteilung von Baudarlehn verbietet.

---

[27]) Siehe Abschnitt V.

II.

Die Grundlagen des Bausparvertrags.

a) Einleitung.

Das Ziel des Bausparvertrags ist von eminenter wirtschaftlicher Bedeutung, seine Abwicklung erstreckt sich über eine Zeitspanne von vielen Jahren, sein Abschluß erfordert daher gründlichste Prüfung und Überlegung.

Folgendes ist dabei vor allem zu beachten:

1. Der Bausparer muß an Hand seiner eigenen Verhältnisse seine Leistungsfähigkeit prüfen. Es kommt nicht nur darauf an, welche Sparleistungen er aufbringen kann, sondern mehr noch, ob er die Leistungen erfüllen kann, die nach der Zuteilung von ihm erfordert werden, neben den Tilgungsraten, die aus technischen Gründen meist höher sind als die Sparraten, die laufenden Hausunkosten und die Bewirtschaftung des eigenen Heims überhaupt. Unzufriedenheit von Bausparern ist vielfach nur die Folge ungenügender eigener Kalkulation. Richtige Rechnung wird oft nicht dazu zu führen brauchen, daß der Interessent seinen Plan gänzlich aufgibt, aber daß er sich die nach seinen Verhältnissen notwendige Beschränkung auferlegt. Der Möglichkeit einer nachträglichen Veränderung der Verhältnisse tragen die meisten Bausparkassen dadurch Rechnung, daß sie die Kündigung[28]) oder die Veränderung der Bausparsumme[29]) zulassen.

2. Der Interessent muß sich ferner die Bausparkasse ansehen, mit der er abzuschließen beabsichtigt. In erster Linie wäre natürlich darauf zu achten, daß sie zugelassen ist, doch wird die vollständige Durchführung der Zulassungsverfahren noch geraume Zeit in Anspruch nehmen. Die Prüfung der bestehenden Bausparkassen wird im wesentlichen beendet sein, und man kann daher annehmen, daß diejenigen Bausparkassen, bei denen die Spargelder direkt gefährdet waren, inzwischen verboten worden sind. Aber im übrigen sind viele Fragen, vor allem die der Systemtechnik, heute noch so ungeklärt, daß vollkommene Einwandfreiheit nicht unbedingt vorausgesetzt zu werden braucht. Aber auch die Güte und Gleichwertigkeit aller Systeme unterstellt, wird für den speziellen Fall des einzelnen Interessenten das Eine besser geeignet sein können als ein Anderes. Dabei werden Sparfähigkeit und die gewünschte Wartezeit eine Rolle spielen; kleine Einzahlungen bedingen lange Wartezeiten, und

[28]) Siehe Seite 61.
[29]) Siehe Seite 36.

umgekehrt haben kurze Wartezeiten hohe Einzahlungen zur Voraussetzung[30]).

Auch mit einer nicht zugelassenen Bausparkasse abgeschlossene Verträge sind privatrechtlich gültig, unter Umständen allerdings anfechtbar[31]).

Zwecksparkassen unterstehen, wie schon gesagt, überhaupt nicht dem Gesetz, und es ist daher ihnen gegenüber besondere Vorsicht geboten, womit kein besonderes Werturteil ausgesprochen werden soll. Es gibt eben, wie überall, auch hier gute und schlechte; nur die Garantie fehlt, daß die schlechten ausgemerzt werden, wie man es bei den Bausparkassen erwarten darf.

3. Der Bausparer muß genau wissen, welche Rechte und Pflichten dem Wesen des Bausparvertrags entsprechen, und welche er bei der betreffenden Bausparkasse zu erwarten hat. Über das letztere unterrichten ihn die allgemeinen Spar- und Darlehnsbedingungen, während ihn die jetzt folgende Darstellung eben darüber belehren soll, welche Anforderungen an deren Inhalt zu stellen sind.

b) Die Rechtsnatur des Bausparvertrags.

Die im Abschnitt I b geschöpften Erkenntnisse zeigen, daß der Bausparer sein Ziel des Hauserwerbs schließlich auch erreichen kann, wenn er der einzige Kunde der Bausparkasse ist, indem er sich dann in nichts von einem Individualsparer unterscheidet, daß aber die erstrebte Abkürzung der Wartezeit eben durch die kollektive Zusammenfassung mehrerer Bausparer eintritt und daß der Umfang dieser Abkürzung wesentlich von der Größe und der Zusammensetzung der Bausparergesamtheit abhängt. Die Bausparer bilden also eine „Schicksalsgemeinschaft", die noch enger und ausgeprägter ist, als die „Gefahrengemeinschaft" der Versicherten[32]). Aber so bedeutsam diese Erkenntnis, auch rechtlich, sein mag, darf doch nicht verkannt werden, daß eine rechtich greifbare Zusammenfassung der Bausparer, etwa als Gesellschaft des bürgerlichen Rechts, nicht besteht[33]), daß vielmehr Rechtsbeziehungen nur zwischen der Bausparkasse und dem einzelnen Bausparer als Individuum geschaffen werden. So interessiert der einzelne Bausparer an dem Vorhandensein seiner Mitbau-

[30]) Dieser Satz ist so selbstverständlich, daß jeder Bausparkasse gegenüber, die bei kleinen Einzahlungen kurze Wartezeiten verspricht, Mißtrauen am Platze ist. Hexen kann keine Bausparkasse, sondern nur das Geld verteilen, das da ist.

[31]) Über die Möglichkeit einer Anfechtung siehe Seite 32.

[32]) Über diese siehe Bruck, Die Gefahrengemeinschaft, Beiträge zum Wirtschaftsrecht, Berlin, 1931, Seite 1260.

[33]) Konstruktionen in dieser Richtung sind neuerdings — m. W. noch nicht veröffentlicht — versucht worden; sie sind m. E. abzulehnen. Im Sinne der Darstellung: Kisch, Konkursaussonderungsrecht der Bausparer? Deutsche Bausparkassen-Zeitung, 1932, Nr. 15.

sparer sein mag, er tritt zu ihnen in keine direkten Rechtsbeziehungen und will das auch gar nicht, sondern er schließt einen besonderen Vertrag mit der Bausparkasse und überläßt es ihr, den Vertrag so auszugestalten, daß sie dabei die Belange der Gesamtheit wahrt und den richtigen Ausgleich zwischen seinen Sonder- und den Gesamtinteressen findet. Die Bausparkasse bildet also rechtlich die Organisation, in der zusammengeschlossen die Bausparergesamtheit dem einzelnen Bausparer als Individuum gegenübersteht. Demnach ist der Bausparvertrag ein Einzelabkommen zwischen der Bausparkasse und dem einzelnen Bausparer. Bei diesem Vertrag haben beide Vertragspartner ihre Rechte und Pflichten. Sie im einzelnen zu schildern, ist Sache der folgenden Darstellung. Doch muß hier schon festgestellt werden, daß auch der Bausparer schon durch den Vertragsabschluß und nicht etwa erst mit der Zuteilung wichtige Rechte erwirbt[34]). Einen solchen Vertrag, bei dem jeder Teil seine bestimmten Rechte hat, denen auf der anderen Seite korrespondierende Pflichten entsprechen, nennen wir einen gegenseitigen Vertrag. Der Bausparvertrag ist also ein gegenseitiger Vertrag im Sinne der §§ 320 ff. BGB.[35]).

Als Type innerhalb der Kategorie der gegenseitigen Verträge ist der Bausparvertrag ein Vertrag besonderer Art, der sich nicht unter eine der im BGB. besonders aufgeführten Vertragsarten einordnen läßt[36]). Zerlegt man ihn in seine einzelnen Bestandteile, so kommt man allerdings zu allgemein bekannten Rechtsverhältnissen. Zunächst ist der Bausparer verpflichtet, bis zur Zuteilung die vereinbarten Sparleistungen zu bewirken: was rechtlich die Verpflichtung zur Hingabe von Darlehen bedeutet. Die Bausparkasse hat alsdann die Pflicht, bei Eintritt gewisser Voraussetzungen diese Darlehen zurückzugeben und nun ihrerseits dem Bausparer ein weiteres Darlehen zu gewähren, welches dieser dann in der vereinbarten Weise zu tilgen hat. Aber alle diese Einzelheiten stehen in unlöslichem Zusammenhang miteinander, und es ist ein verhängnisvoller Fehler der Normativbedingungen, entgegen der herrschenden Ansicht[37]) diesen Zusammenhang zu leugnen und die Einheitlichkeit des Vertrages in Frage zu stellen[38]).

c) Vertragsabschluß, Vertragsform.

Der Bausparvertrag kommt regelmäßig durch Antrag des Kunden und Annahme des Antrags abseiten der Bausparkasse zustande.

---

[34]) Abweichend, aber wohl mißverständlich, Berliner-Fromm, Seite 642 und die Normativbedingungen, in denen § 15 die Überschrift trägt „Entstehung des Darlehnsanspruchs".

[35]) Ebenso Möller HGZ. und im Resultat Berliner-Fromm, S. 650.

[36]) Vergl. Möller a. a. O.

[37]) Berliner-Fromm, Seite 650. Berthmann, Bausparkassen in Konkurs, Deutsche Hausbesitzerzeitung, 1932, Seite 498.

[38]) Über die Gründe dieser Konstruktion der Normativbedingungen vgl. Seite 82.

Schriftform ist nach dem Gesetz nicht erforderlich, jedoch bei der Wichtigkeit der Sache selbstverständlich. Der Antrag braucht außer dem Namen des Kunden nur die Höhe der gewünschten Bausparsumme und, wenn die Bausparkasse mehrere Tarife hat, die Angabe des gewählten Tarifs zu enthalten; alles andere ergibt sich aus den allgemeinen Spar- und Darlehnsbedingungen, auf welche der Antrag natürlich Bezug zu nehmen hat, und die damit zum Bestandteil des Vertrages werden.

Dadurch, daß die Bausparkasse dem Antragsteller die Annahme seines Antrages mitteilt, wird der Vertrag perfekt. Vielfach findet man im Publikum die Meinung verbreitet, man könne innerhalb 24 Stunden oder einer sonstigen Frist von einem geschlossenen Vertrage wieder zurücktreten. Diese Ansicht ist verkehrt, der Vertrag ist sofort bindend. Aber auch schon an den einseitig gestellten Antrag ist man solange gebunden, bis den Umständen nach die Annahme erfolgen kann. Wie lange das der Fall ist, bedarf keiner weiteren Auseinandersetzung, da wohl alle Bausparkassen in ihren Bedingungen vorschreiben, daß der Antragsteller eine bestimmte Zeit — meist 14 Tage oder einen Monat — an seinen Antrag gebunden ist. Wenn also innerhalb dieser Frist dem Bausparer die Annahmeerklärung der Bausparkasse zugeht, so ist damit der Vertrag zustandegekommen, auch wenn er etwa vorher von seinem Antrag zurückgetreten sein sollte. Der Interessent darf sich daher nicht darauf verlassen, daß er noch nach Stellung des Antrages die Bedingungen durchlesen und, wenn sie ihm nicht zusagen sollten, den Antrag wieder rückgängig machen könne, sondern er muß sich mit ihnen vertraut machen, bevor er eine Unterschrift leistet.

Mit Recht betonen die meisten Bausparkassen, daß nur der Inhalt der schriftlichen Vertragsurkunde maßgebend sein soll, und daß mündliche Nebenabreden keine Gültigkeit haben. Immer wieder kommt es vor, daß bei der Kundenwerbung Versprechungen gemacht werden, die die Bausparkasse nicht einhalten kann, und die sie zur Ablehnung des gestellten Antrages zwingen würden, wenn sie davon wüßte. Solche Differenzen zu vermeiden, liegt in beiderseitigem Interesse, weswegen die erwähnte Klausel unerläßlich erscheint. Auch ohne dieselbe ist es zum mindesten zweifelhaft, ob nicht mündliche Abreden dadurch, daß sie in den schriftlichen Vertrag nicht aufgenommen sind, als überholt gelten.

Werden mündliche Zusagen gemacht, so ist daher zunächst festzustellen, ob sie den allgemeinen Spar- und Darlehnsbedingungen entsprechen, und wenn das nicht der Fall ist sind sie in den schriftlichen Antrag ausdrücklich aufzunehmen.

Weicht nun die Vertragsausfertigung von dem gestellten Antrag ab — insbesondere etwa durch Fortlassung solcher Sonderbedingungen —, so gilt rechtlich die Aushändigung oder Übersendung der abweichenden Vertragsurkunde als neuer (nunmehr also von der

Bausparkasse ausgehender) Antrag auf Abschluß eines Vertrages zu den abgeänderten Bedingungen, und man wird im allgemeinen die Annahme dieses neuen Antrages durch den Bausparer unterstellen, wenn er ihn widerspruchslos annimmt, ganz gewiß aber, wenn er sogar daraufhin Zahlungen leistet. Vorsichtige Interessenten werden daher folgendes Verfahren einschlagen: Zunächst lasse man sich vor Stellung des Antrages die allgemeinen Spar- und Darlehnsbedingungen aushändigen und sehe sie durch. Was man daran geändert wissen will, nehme man in den Antrag auf, von dem man sich eine Durchschrift geben lasse[39]), und vergleiche dann die Vertragsausfertigung mit der Durchschrift.

Die Normativbedingungen berücksichtigen diese Rechtsgrundsätze unter Wahrung der beiderseitigen Belange: Der Bausparer soll nach Erhalt der allgemeinen Spar- und Darlehnsbedingungen einen schriftlichen Antrag stellen, an den er zwei Wochen lang gebunden ist. Mit der Annahmeerklärung ist ihm eine Vertragsausfertigung (Bausparbrief) zu übersenden. Der Inhalt dieser Urkunde gilt als genehmigt, wenn der Bausparer nicht innerhalb eines Monats, nachdem er den Bausparbrief empfangen hat und auf etwaige Abweichungen von seinem Antrag schriftlich hingewiesen worden ist, Widerspruch gegen die Richtigkeit der Vertragsurkunde erhebt. Mündliche Nebenabreden sind nur gültig, wenn sie von dem Vorstand der Kasse schriftlich bestätigt werden.

Wollen Eheleute einen Bausparvertrag abschließen, so entsteht die Frage, auf wen von beiden der Vertrag lauten soll. Die Entscheidung dieser Frage hängt lediglich davon ab, wer nach ihren Wünschen später Eigentümer des Hauses werden soll. Rechtlich ist es zulässig, daß der Vertrag von der Ehefrau abgeschlossen wird, auch wenn die Absicht besteht, daß die Sparleistungen von dem Ehemann bewirkt werden. Die Pflichten gegenüber der Bausparkasse übernimmt natürlich derjenige, der den Vertrag abschließt. Soll das die Ehefrau sein, so empfiehlt sich die Feststellung, in welchem Güterrecht die Eheleute leben. Im Regelfall des gesetzlichen Güterrechts ist die Ehefrau selbständig verpflichtungsfähig, doch ist ihre Verpflichtung dem eingebrachten Gut gegenüber nur wirksam, wenn der Ehemann zugestimmt hat. Diese Zustimmung ist daher zweckmäßig schriftlich zu erteilen.

Für einen Minderjährigen kann der Vertrag wirksam nur durch seinen gesetzlichen Vertreter abgeschlossen werden. Es besteht übrigens auch die rechtliche Möglichkeit, daß der Ehemann oder Vater den Vertrag auf seinen Namen, aber zugunsten seiner Ehefrau

[39]) Das kollektive Verhältnis des Bausparvertrags läßt natürlich solche Änderungen nur in beschränktem Umfang zu. Es ist Sache der Werbung, den Interessenten hierüber wie über die Zweckmäßigkeit der von ihm beanstandeten Bestimmungen aufzuklären.

oder seines Kindes abschließt. In diesem Fall ist nur er zur Bewirkung der Sparleistungen verpflichtet, während die Sicherung des Darlehns durch den wirklichen Empfänger erfolgen muß und dieser auch regelmäßig die persönliche Haftung für die Rückzahlung des Darlehns zu übernehmen haben wird.

Durchweg wird verlangt, daß der Bausparer nach Zuteilung über das zu gewährende Darlehen eine besondere, von dem sonstigen Vertragsinhalt losgelöste Verpflichtungsurkunde ausstellt. Das ist schon deswegen notwendig, weil diese Urkunde als Unterlage der Hypothekeneintragung zu dienen hat. Ein solches Verlangen ist also nicht zu beanstanden. Nur darf darüber die Einheitlichkeit des ganzen Vertrages nicht vergessen werden, aus der sich ergibt, daß die Bedingungen nicht nur der Darlehnshingabe, sondern auch der Rückzahlung, allen Umfangs von vornherein feststehen, also Inhalt der allgemeinen Spar- und Darlehnsbedingungen sein müssen. Ganz abgesehen von der rechtlichen Konstruktion ist es auch selbstverständlich, daß der Bausparer schon bei Abschluß des Vertrages wissen muß, zu welchen Bedingungen das Darlehen ihm gewährt werden wird, denn diese Bedingungen sind ja für seine Kalkulation von ausschlaggebender Bedeutung. Diese Forderung entspricht auch zweifellos dem Gesetz (§ 118 Ziffer 1)und ist auch trotz der abweichenden grundsätzlichen Konstruktion in den Normativbedingungen erfüllt.

Beim Versicherungsvertrag kann der Versicherte bei Abhandenkommen der Police auf seine Kosten eine Neuausfertigung verlangen, ebenso kann er jederzeit auf seine Kosten Abschriften der Erklärungen fordern, die er mit Bezug auf den Vertrag abgegeben hat (§ 3 VVG.). Eine entsprechende gesetzliche Bestimmung für den Bausparvertrag fehlt. Ähnliche Bestimmungen finden sich aber vielfach in den allgemeinen Spar- und Darlehnsbedingungen, und es ist anzunehmen, daß die Aufsichtsbehörde auf ihre Aufnahme dringen wird. In den Normativbedingungen sind sie indirekt enthalten. Wo sie fehlen, hat der Bausparer gemäß § 810 BGB. das Recht, Vorlage des Vertrages und seiner Erklärungen zu verlangen. Die Vorlage hat im Geschäftslokal der Bausparkasse zu erfolgen, kann aber an einem anderen Ort beansprucht werden, wenn dafür ein wichtiger Grund vorliegt.

d) Abweichungen von den allgemeinen Spar- und Darlehnsbedingungen.

Es war oben von der Möglichkeit die Rede, Sonderabmachungen zu treffen, die von den allgemeinen Spar- und Darlehnsbedingungen abweichen, und es ist nunmehr zu untersuchen, wieweit solche Abmachungen überhaupt zulässig und gültig sind. Die Begründung zum ersten Entwurf hatte hierzu bemerkt:

„Eine dem § 9 Abs. 3 VAG. (in der jetzigen Fassung § 10 Abs. 3) entsprechende Vorschrift, wonach Abweichungen von den allgemeinen Versicherungsbedingungen zuungunsten des Versicherten nur aus besonderen Gründen statthaft sind, ist in den Entwurf nicht übernommen. Bei den Bausparkassen, bei denen die einzelnen Sparer weitgehend voneinander abhängig sind, würde eher eine Bestimmung des Inhalts naheliegen, daß Abweichungen zugunsten eines einzelnen Bausparers nicht statthaft sein sollen. Derartige Sonderbestimmungen werden nämlich in der Regel geeignet sein, die Interessen der übrigen Bausparer zu benachteiligen; es liegt daher im Rahmen der allgemeinen Aufsichtsbefugnis der Aufsichtsbehörde, solche Sonderabreden auszuschließen. Daneben würde die Aufsichtsbehörde, auch wenn unbilligerweise zuungunsten einzelner Sparer Abweichungen getroffen werden, im Rahmen ihrer allgemeinen Aufsichtsbefugnisse einschreiten können."

Die endgültige gesetzliche Regelung ist nun insofern doch eine andere geworden, als zu denjenigen Bestimmungen, welche auch für Bausparkassen gelten, jetzt der § 10 Abs. 3 gehört. Es ergibt sich im einzelnen daraus der folgende Rechtszustand:

1. Abweichungen zuungunsten eines Bausparers:

§ 10 Abs. 3 bestimmt, daß von den allgemeinen Spar- und Darlehnsbedingungen zuungunsten des Bausparers nur aus besonderen Gründen und nur dann abgewichen werden darf, wenn der Bausparer vor dem Vertragsabschluß darauf ausdrücklich hingewiesen worden ist und sich danach schriftlich damit einverstanden erklärt hat. Solche besonderen Gründe können zum Beispiel in der Art des zu beleihenden Objekts liegen. Es ist denkbar, daß im Einzelfall eine niedrigere Beleihungsgrenze oder eine höhere Tilgungsquote als gewöhnlich bestimmt wird. Denkbar sind ferner auch Benachteiligungen in Verbindung mit Vergünstigungen in anderer Richtung; es verzichtet zum Beispiel ein Bausparer für eine bestimmte Anzahl von Jahren auf Zuteilung, wogegen er eine höhere Verzinsung erhält, oder dergl.

Liegen besondere Gründe nicht vor oder ist das Einverständnis des Bausparers nicht in der vorgeschriebenen Weise eingeholt, so kann das Aufsichtsamt einschreiten — vorausgesetzt, daß es von dem Fall Kenntnis erhält. Die zivilrechtliche Gültigkeit der Sondervereinbarung wird aber nach der herrschenden Ansicht durch die Vorschrift des § 10 Abs. 3 nicht berührt, auch macht ihre Verletzung die Bausparkasse nicht schadensersatzpflichtig.

2. Abweichungen zugunsten eines Bausparers:

Daraus, daß nunmehr Abweichungen zuungunsten eines Bausparers verboten sind, während über solche zugunsten eines Bausparers keine Bestimmung getroffen ist, könnte man den Schluß ziehen, daß das

Gesetz dieselben zulassen will. Dieser Schluß widerspricht aber so sehr dem Wesen des Verhältnisses wie auch der Tendenz des Gesetzgebers, daß er zweifellos verkehrt ist. Vielmehr ist das Fehlen einer solchen Bestimmung nur daraus zu erklären, daß nicht schlechthin jede Bevorzugung eines Bausparers unzulässig ist, sondern nur eine solche, welche dem kollektiven Charakter des Bausparvertrags widerspricht, das heißt den Interessen der Bausparergesamtheit entgegensteht. So sind zweifellos insbesondere alle Sondervereinbarungen unzulässig, welche zu einer Abweichung vom vorgesehenen Geschäftsplan führen, insbesondere die Zusage einer bestimmten Wartezeit[40]). Auch hier bedeutet die Unzulässigkeit zunächst nur, daß das Aufsichtsamt einschreiten kann, während die zivilrechtliche Gültigkeit, die in diesem Falle ja im Interesse des bevorzugten Bausparers liegt, außer Zweifel steht. Nur wenn beiden Teilen, also sowohl der Bausparkasse als auch dem Bausparer, bewußt sein muß, daß die Bevorzugung eine andere Bausparer benachteiligende Verletzung des Geschäftsplans bedeutet, kann die Vereinbarung als Verstoß gegen die guten Sitten gemäß § 138 BGB. nichtig sein; dieser Fall wird aber selten vorliegen. § 139 BGB. bestimmt, daß, wenn ein Teil eines Rechtsgeschäftes nichtig ist, das ganze Rechtsgeschäft nichtig ist, wenn nicht anzunehmen ist, daß es auch ohne den nichtigen Teil vorgenommen sein würde. Diese Ausnahme wird beim Bausparvertrag meistens vorliegen, so daß im Ergebnis nur die unzulässige Bestimmung nichtig ist, im übrigen aber der Vertrag bestehen bleibt.

Werden für eine bestimmte Klasse von Bausparern Sonderbestimmungen getroffen, so liegt keine Abweichung von den allgemeinen Spar- und Darlehnsbedingungen, sondern eine vollständige Abänderung des Geschäftsplans vor, die ohne behördliche Genehmigung schlechthin unzulässig und nach § 135 Ziffer 4 strafbar ist. Eine Bausparkasse, die solche Sonderbestimmungen für erforderlich hält, muß eben beim Aufsichtsamt um ihre Genehmigung nachsuchen.

e) **Anfechtung des Vertrages.**

Eine Anfechtung des abgeschlossenen Vertrages wegen Irrtums oder Täuschung unterliegt den gewöhnlichen gesetzlichen Bestimmungen. Eine Anfechtung wegen Irrtums ist zulässig, wenn sich jemand bei Abgabe einer Willenserklärung über deren Inhalt im Irrtum befand oder eine Erklärung dieses Inhalts überhaupt nicht abgeben wollte, und wenn ferner anzunehmen ist, daß er sie bei Kenntnis der Sachlage und bei verständiger Würdigung des Falles nicht abgegeben haben würde. Als Irrtum über den Inhalt der Erklärung gilt auch der Irrtum über solche Eigenschaften der Person oder der Sache, die im Verkehr als wesentlich angesehen werden (§ 119 BGB.). Wann diese Voraussetzungen gegeben sind, ist ersichtlich Tatfrage des ein-

[40]) Näheres hierüber Seite 53.

zelnen Falles, und nur folgende spezielle Tatbestände des Bausparrechts seien hervorgehoben:

1. Ein Irrtum über die finanzielle Leistungsfähigkeit des Vertragsgegners kann zur Anfechtung berechtigen. Die Bausparkassen sind vom Aufsichtsamt gehalten, vor Abschluß des Vertrages die persönlichen Verhältnisse des Antragstellers, insbesondere auch sein Einkommen, festzustellen. Dies geschieht nun allerdings weniger zum Schutz der Bausparkasse als des Interessenten, um zu verhindern, daß diesem durch Abschluß eines für ihn unerfüllbaren Vertrages unnötige Kosten entstehen. Aber auch die Bausparkasse hat kein Interesse an Abschlüssen, die von den Kunden nicht erfüllt werden, und so wird man, obgleich die Bausparkasse ja Realkredit gibt, ihr ein Anfechtungsrecht einräumen, wenn die erwähnten Fragen, sei es auch unabsichtlich, in wesentlichen Punkten falsch beantwortet worden sind.

2. Als wesentliche Eigenschaft der Bausparkasse wird man regelmäßig[41]) das Vorhandensein der behördlichen Zulassung anzusehen haben, auch wenn hiervon vor oder bei Vertragsabschluß nicht die Rede gewesen ist. Stellt daher der Bausparer nachträglich fest, daß er sich hierin geirrt hat und daß die Kasse tatsächlich nicht zugelassen ist, so ist, wie schon Seite 26 erwähnt, der Vertrag an sich gültig, kann aber vom Bausparer wegen Irrtums angefochten werden.

Jede Irrtumsanfechtung muß unverzüglich, das heißt ohne schuldhaftes Zögern, erfolgen, nachdem der Anfechtungsberechtigte von dem Anfechtungsgrund Kenntnis erlangt hat.

Ist der Irrtum auf arglistiges Verhalten der Gegenseite zurückzuführen, so ist die in den Voraussetzungen einfachere Anfechtung wegen Täuschung möglich. Neben die erwähnten Beispiele tritt als Hauptfall die unrichtige Vorspiegelung einer kurzen, den Tatsachen nicht entsprechenden Wartezeit. Wird sie verbindlich zugesagt, so ist diese Verbindlichkeit wirksam und muß von der Bausparkasse erfüllt werden[42]), bringt sie freilich in einen unangenehmen Konflikt mit der Aufsichtsbehörde. Aber eben deswegen sind seit Inkrafttreten des Gesetzes solche festen Zusagen selten, wogegen es immer noch häufig genug vorkommen dürfte, daß „unverbindlich", aber doch mit einiger Bestimmtheit, unrichtige Angaben gemacht werden, insbesondere durch Hinweis auf Wartezeiten, wie sie in der Aufbauzeit der Bausparkasse wirklich vorkamen, für die Zukunft aber ausgeschlossen sind. In solchem Falle ist die Anfechtung wegen Täuschung berechtigt[43]).

[41]) Wenn die Zulassungsverfahren für die bei Inkrafttreten des Gesetzes bestandenen Bausparkassen beendet sind.

[42]) Näheres Seite 53.

[43]) Die allgemeinen Spar- und Darlehnsbedingungen geben nur die (theoretisch) kürzeste und längste Wartezeit an. Daher sind Angaben über die voraussichtlich im Einzelfall sich ergebende Wartezeit keine Abweichung von den allgemeinen Spar- und Darlehnsbedingungen, sondern eine Aus-

Setzt der Bausparer trotz Kenntnis von einem Anfechtungsgrund seine Leistungen fort, so liegt darin eine die Anfechtung ausschließende Bestätigung des Vertrages.

Die erfolgreiche Anfechtung führt dazu, daß beide Vertragsteile sich ihre gemachten Leistungen zurückzugewähren haben, und zwar sofort ohne Rücksicht auf die etwa für den Fall der Kündigung vereinbarten Zahlungsfristen. Der getäuschte Teil kann überdies Ersatz etwaigen Schadens beanspruchen, während umgekehrt die Anfechtung wegen bloßen Irrtums unter Umständen den anfechtenden Teil zum Schadensersatz verpflichten kann[44]. Unter diesem Gesichtspunkt kann die schadensersatzberechtigte Bausparkasse Verwaltungskosten jedenfalls bis zum Zeitpunkt der Anfechtung beanspruchen[45], der Bausparer Rückzahlung aller seiner bewirkten Leistungen, möglicher weise auch einen weiteren Schaden, wenn er beispielsweise das Geld zu einem bestimmten Zeitpunkt benötigte und auf Grund der ihm über die Wartezeit gemachten Angaben erwarten durfte.

f) Der Vertragszweck.

Wir haben gesehen, daß eine Zwecksparkasse Darlehn für alle erdenklichen Zwecke gewähren kann, und daß auch die Bausparkassen in der Zweckbestimmung nicht beschränkt sind, wofern nur die erforderliche hypothekarische Sicherung beschafft wird[46]. Selbstverständlich wird jede Kasse den Kreis ihrer Geschäfte irgendwie umschreiben, für Bausparkassen verlangt § 117 eine entsprechende Angabe im Gesellschaftsvertrag. Zur Aufklärung des Kunden ist Angabe der zulässigen Vertragszwecke auch in den allgemeinen Spar- und Darlehnsbedingungen zu fordern; er muß wissen, ob er durch den Vertragsabschluß das gewünschte Ziel erreichen kann. Fehlt in den Bedingungen einer Bausparkasse die Angabe der Vertragszwecke, so wird man die Zulassung aller in § 112 aufgeführten[47] zu unterstellen haben.

Innerhalb nun dieses durch die Bedingungen bzw. durch das Gesetz gezogenen Rahmens hat der Bausparer Freiheit der Wahl, und er braucht sich erst nach der Zuteilung zu entscheiden, wofür er das Geld verwenden will. Demgemäß wird auch im allgemeinen in die Bausparverträge eine spezifizierte Zweckangabe nicht aufgenommen.

Es gibt aber Fälle, in denen solche Angabe nützlich, wenn nicht notwendig erscheint. Der Grund liegt darin, daß ja das Darlehen

---

legung derselben. Die Kasse kann sich also nicht darauf berufen, daß mündliche Nebenabreden ungültig sind.

[44]) Siehe im Einzelnen § 122 BGB.

[45]) An sich auch die späteren Verwaltungskosten, doch kann sich der Bausparer regelmäßig durch Kündigung von allen weiteren Leistungen befreien, und man wird der Anfechtung dieselbe Wirkung beimessen.

[46]) Vergl. Seite 17.

[47]) Siehe Seite 16.

hypothekarisch gesichert perden soll, und daß die Bausparkasse gehalten ist, die Beleihung innerhalb einer bestimmten Grenze des Grund- und Gebäudewerts („Beleihungsgrenze") zu halten[48]). Insbesondere, wenn die Bausparsumme zur Ablösung einer bestimmten Hypothek oder zum Erwerb eines bestimmten, bereits bestehenden Hauses dienen soll, empfiehlt es sich in beiderseitigem Interesse, die Beleihungsfähigkeit vorher festzustellen und den Verwendungszweck mit zum Inhalt des Vertrages zu machen.

Dies gilt besonders bei der Finanzierung von Siedlungen. Sie ist auf verschiedene Weise möglich. Entweder der Siedler erwirbt in der Siedlung lediglich Land, das er nach seinen Wünschen bebauen kann, und schließt als Einzelner einen Vertrag mit der Bausparkasse ab, dann bietet der Vertrag keine Besonderheiten. Hat sich dagegen der Siedler verpflichtet, das Haus von der Genossenschaft oder dem Unternehmer bauen zu lassen oder fertig zu erwerben, oder schließt die Genossenschaft selbst die Bausparverträge ab, so muß der Siedler sich sichern, daß er nicht überteuert wird, nicht nur, weil ihn das zu viel Geld kostet, sondern er dann überhaupt nicht die Gewißheit hat, sein Ziel zu erreichen, da die Bausparkasse wegen Überschreitung der zulässigen Beleihungsgrenze die Auszahlung ablehnen kann. Es handelt sich hierbei um einen gar nicht seltenen Fall, da Terrainbesitzer und geschäftstüchtige Unternehmer in steigendem Maße die Zusammenarbeit mit Bausparkassen pflegen, und da sie alle verdienen wollen, es zu einer erheblichen Überteuerung des Baues kommen kann. In diesen Fällen muß also der Interessent darauf achten, daß der Bausparvertrag ausdrücklich zu dem bestimmten Zweck abgeschlossen wird, und daß die Bausparkasse den angenommenen Wert als richtig anerkennt.

Im schlimmsten Falle wird der Bausparer sich noch helfen können, indem er das Siedlungsprojekt aufgibt und mit Hilfe der Bausparsumme anderswo ein Haus erstellt. Schwieriger ist seine Lage, wenn ihm das fertige Haus bereits gegen sogenannten Zwischenkredit zur Verfügung gestellt ist, und dieselbe bedenkliche Lage kann auch in anderen Fällen eintreten, wenn mit Hilfe eines Zwischenkredits, der entweder von dritter Seite oder von der Bausparkasse selbst beschafft sein kann, das Haus schon vor der Zuteilung der Bausparsumme hergestellt und von ihm bezogen ist. Ein solches Geschäft kann für den Bausparer gefährlich werden, wenn er nicht die Gewißheit hat, daß der Zwischenkredit ihm vor der Zuteilung nicht gekündigt werden kann, und daß ferner die Ablösung durch die Bausparkasse auch wirklich erfolgen wird. In diesen beiden Richtungen muß der Interessent sich also bindende Rechte verschaffen. Für die Bausparkasse ist das Problem der Zwischenfinanzierung oder Ablösung von Zwischenkrediten oder überhaupt von Verbindlichkeiten,

[48]) Näheres über die Beleihungsgrenze siehe Seite 69.

was bisher noch vielfach übersehen wird, recht schwierig wegen der bis zur Zuteilung eintretenden Entwertung des zu beleihenden Objekts, und es wird vorsichtigerweise in diesen Fällen bei Vertragsschluß die Beleihungsgrenze entsprechend niedriger angenommen werden müssen[49]).

g) Die Bausparsumme.

Aus dem Verwendungszweck ergibt sich die Höhe der für den Bausparer notwendigen Bausparsumme, und da der Zweck nicht nur der Art, sondern auch dem Umfang nach ganz verschieden sein kann, ergibt sich, daß die Bausparsumme verschieden hoch ist und sich nach den Wünschen des Bausparers richtet. Ihre Festsetzung gehört zu den wesentlichen Vertragsbestandteilen, sie bildet die Grundlage, auf der die beiderseitigen Leistungen berechnet werden. Es gehört zu den Aufgaben der Bausparkasse, den Bausparer bei der Wahl der Bausparsumme zu beraten, damit er weder seine Leistungsfähigkeit überschreitet, noch nach der anderen Seite einen ungenügenden Abschluß tätigt. Aus technischen Gründen ist es notwendig, die zulässige Höhe nach oben und unten zu begrenzen. Nach den Normativbedingungen darf die Bausparsumme zwischen RM 2000,— und RM 50 000,— liegen, was auch etwa der bisherigen Praxis entspricht, während beim Zweckspargeschäft meist geringere Summen in Frage kommen.

Innerhalb der zugelassenen Grenzen hat also der Bausparer die Wahl. In sehr vielen, wenn nicht den meisten Fällen, wird ihm aber bei Abschluß des Vertrages sein Ziel noch nicht in solcher Klarheit vor Augen stehen, daß er die Höhe der benötigten Summe schon genau festsetzen könnte. Dazu kommt die Möglichkeit einer Veränderung des Baukostenindex oder sonstiger Ereignisse bis zur Zuteilung. Es ist daher von größter Wichtigkeit, daß die Bedingungen eine nachträgliche Veränderung der Bausparsumme zulassen. Allerdings kann das Recht der Ermäßigung beim Zeit-mal-Geld-System mißbraucht werden, um durch die mit der Ermäßigung verbundene Erhöhung der Schlüsselzahl eine Abkürzung der Wartezeit (zum Nachteil anderer Sparer) herbeizuführen. Zur Verhinderung solchen Mißbrauches machen die Normativbedingungen in Übereinstimmung mit der bisherigen Praxis vieler Bausparkassen die Ermäßigung von der Genehmigung der Bausparkasse abhängig. Mir scheint das allerdings eine überflüssige Vorsicht, da außerdem bestimmt ist, daß die Bewertungsziffer bezüglich der vor der Herabsetzung gemachten Leistungen sich nicht verändert; zum mindesten würde ich im Interesse des Bausparers einen Zusatz für wünschenswert halten, daß die Genehmigung nur bei Vorliegen eines wichtigen Grundes versagt werden darf. Eine Erhöhung soll nach den Normativbedingungen

[49]) Das Problem der Zusammenarbeit von Bausparkassen mit anderen Unternehmungen, dessen rechtliche Seite oben angedeutet ist, ist wirtschaftlich von außerordentlicher Bedeutung.

erst nachAblauf eines Jahres wirksam werden und beim Listensystem überhaupt unzulässig sein[50]). Dem Bausparer kann in diesem Falle durch Abschluß eines neuen Vertrages geholfen werden, bis zu dessen Zuteilung er sich notfalls die Bausparsumme des ersten Vertrages zurückstellen lassen muß.

h) **Wartezeiten.**

Die Länge der Wartezeit ist für den Bausparer von allergrößter Bedeutung; nicht nur, daß von ihr gleichzeitig die Höhe des selbst zu sparenden Betrages abhängt, er will vor allem wissen, wie lange es dauert, bis sich sein Wunsch, zu dessen Erfüllung er spart, erfüllt. Er wünscht, daß diese Zeit so kurz wie möglich sein werde, und wird sich meistens der Bausparkasse anschließen, die ihm in dieser Beziehung die günstigsten Versprechungen macht. So ist es erklärlich, daß viele Bausparkassen in bezug auf die voraussichtliche Wartezeit Angaben machten, die, gelinde ausgedrückt, recht optimistisch sind. Um mit diesem Übelstande aufzuräumen, bestimmt das Gesetz, daß der Geschäftsplan die Staffeln (Tarife) unter Hervorhebung der längsten und kürzesten Wartezeit vollständig darstellen soll (§ 116 Abs. 1), und daß die allgemeinen Spar- und Darlehnsbedingungen Bestimmungen über die Dauer der Wartezeiten unter Hervorhebung der längsten und kürzesten Wartezeit enthalten sollen (§ 118 Ziff. 2). Da die Aufgaben der Aufsichtsbehörde die mathematische Nachprüfung dieser Angaben mit umfassen, wird man sie in den genehmigten Geschäftsplänen für richtig halten dürfen. Die praktische Bedeutung dieser Vorschriften ist aber recht gering, wie die folgenden Ausführungen zeigen werden.

Jedes System mit Gruppenbildung ermöglicht oder erfordert sogar die Aufstellung eines festen Zuteilungsplans, bei dem also von vornherein feststeht, welcher Prozentsatz der Bausparer bei jeder Zuteilung zum Zuge kommt; wer aber diese Bausparer sein werden, ist beim Verlosungssystem vom Zufall, beim Zeit-mal-Geld-System nicht nur von den eigenen Leistungen des einzelnen Bausparers, sondern auch von denen der anderen abhängig. Ist der Plan richtig aufgestellt und sind die Wartezeiten richtig berechnet, so muß also ein Teil der Bausparer mit der kürzesten, ein anderer Teil mit der längsten Wartezeit zum Zuge kommen, die meisten irgendwann dazwischen, ohne daß von vornherein eine nähere Bestimmung des Zeitpunktes für den Einzelnen möglich wäre. Die Angabe der längsten und kürzesten Wartezeit bedeutet also einen Rahmen, innerhalb dessen das Schicksal der Gruppenteilnehmer ruht. Besser würden sich die Chancen schon berechnen lassen, wenn auch die mittlere Wartezeit angegeben würde, doch wird das vom Gesetz entgegen der von manchen Seiten erhobenen Forderung nicht verlangt.

[50]) Beide Bestimmungen dürften aus technischen Gründen unumgänglich sein.

Immerhin erhält hierbei der Bausparer gewisse auf Tatsachen beruhende Anhaltspunkte. Anders bei der offenen Gruppe. Bei ihr muß die kürzeste Wartezeit der Anlaufzeit, die längste der Liquidationszeit entnommen sein, oder mit anderen Worten, die kürzeste Wartezeit hat es einmal bei Gründung der Bausparkasse gegeben, sie kommt aber nie wieder vor, und die längste wird niemals vorkommen, solange noch neue Bausparer eintreten, denn sie muß unter der Voraussetzung berechnet sein, daß kein neuer Bausparer mehr eintritt und von den vorhandenen keiner mehr als die Pflichtzahlungen leistet[51]). Beide Angaben sind also graue Theorie und können, anstatt dem Bausparer zu nützen, leicht das Gegenteil bewirken, indem die Angabe der kürzesten Wartezeit ihn glauben läßt, daß sie noch vorkommen könne, bei der längsten aber der Werber ihm mit Recht sagen kann, daß ihre Angabe zwar vorgeschrieben sei, daß in Wirklichkeit aber mit ihr nicht zu rechnen sei. Wenn nun gleichwohl begreiflicherweise der Interessent seine Chancen ungefähr kennen lernen will, so ist es an sich einwandfrei, wenn ihm diese auf Grund der bisherigen Erfahrungen unverbindlich mitgeteilt werden, sofern nur dabei berücksichtigt wird, daß die Erfahrungen der Aufbauzeit nicht maßgebend sind. In letzterer Beziehung ist viel gesündigt worden, und die Aufsichtsbehörde hat daher mit Recht Angaben, die auf den Erfahrungen der Aufbauzeit beruhen, verboten.

In den mir bekannten Bedingungen beschränken sich die Angaben der Wartezeit auf die längste und kürzeste[52]), und auch die Normativbedingungen enthalten nichts anderes. Und doch entspricht dieses Verfahren nicht dem Wortlaut und, wie ich annehmen möchte, auch nicht dem Sinn des Gesetzes, welches die „Dauer der Wartezeiten unter Hervorhebung der längsten und kürzesten" dargestellt sehen will. Würde diese Forderung wirklich erfüllt — wie das technisch möglich ist, ist in erster Linie eine Frage der Bausparmathematik —, so würde den oben gezeigten Möglichkeiten zu Mißverständnissen ein Riegel vorgeschoben sein.

Jede Bausparkasse, welche die Aufbauzeit hinter sich hat, muß mit erheblich längeren Wartezeiten rechnen, als sie heute noch gang und gäbe sind, und die ernsthaften Bausparkassen beschäftigen sich seit langem mit dem Problem, wie sie abgekürzt werden können. Das wird in erheblichem Maße nur zu erreichen sein, wenn es den deutschen Bausparkassen gelingt, Fremdgeld heranzuziehen. In dieser Richtung werden denn auch allerhand Versuche gemacht. So liebäugeln manche

---

[51]) Die Frage, unter welchen Voraussetzungen die längste Wartezeit bei der offenen Gruppe zu berechnen ist, ist im Gesetz nicht beantwortet. Die im Text vertretene Auffassung ist aber zweifellos die der Aufsichtsbehörde, wie die Normativbedingungen ergeben.

[52]) In den Bedingungen der öffentlichen Bausparkassen ist außerdem noch die mittlere Wartezeit angegeben. Sie liegt allgemein nicht etwa genau in der Mitte zwischen kürzester und längster und bedarf daher besonderer Berechnung.

Bausparkassen mit dem Gedanken, sich solches Fremdgeld durch Verpfändung ihres Hypothekenbestandes zu beschaffen, und das Gesetz trägt dieser Möglichkeit Rechnung, indem es in § 116 Ziff. 7 vorschreibt, daß der Geschäftsplan Angaben darüber zu enthalten hat, ob und wie Darlehen aufgenommen werden, die eine beschleunigte Zuteilung der Baudarlehen ermöglichen sollen. Die Frage der Zweckmäßigkeit solchen Handelns ist heute noch stark umstritten; ich halte es nicht für unbedenklich. Ob auf andere Weise die Beschaffung von Zwischenkrediten möglich ist, ist eine Frage, die in erster Linie von den allgemeinen wirtschaftlichen Verhältnissen abhängen wird. Beachtlich ist jedenfalls der Versuch mancher Bausparkassen, sich Fremdgeld durch Angliederung einer gewöhnlichen Sparkassenabteilung zu beschaffen. Reichlich naiv und unzulässig ist dagegen das Verfahren, Gelder der Zuteilungsmasse selbst an noch nicht zuteilungsberechtigte Bausparer als „Zwischenkredit" auszugeben. Das wird von der Aufsichtsbehörde mit Recht als Verletzung des Geschäftsplans angesehen.

Neben zu optimistischen Angaben über die Wartezeit ist ein immer wiederkehrender Mißstand, daß dem Interessenten die Beschaffung von Zwischenkredit — natürlich nur mündlich — versprochen oder doch wenigstens in sichere Aussicht gestellt wird. Solchen Versprechungen gegenüber ist das größte Mißtrauen am Platz, da wenigstens zurzeit kaum eine Bausparkasse zur Beschaffung des Zwischenkredits in der Lage ist.

Nun ist manchmal der Bausparer selbst in der Lage, sich Zwischenkredit zu beschaffen. Selten wird ihm das in der Höhe möglich sein, die er zur Erreichung seines Zieles braucht; in diesem Falle hätte er einen Bausparvertrag zur Ablösung der mit dem Zwischenkredit eingegangenen Verbindlichkeit abzuschließen. Häufiger ist der Fall, daß er sich von dritter Seite einen geringeren Betrag leiht und denselben als Spareinlage bei der Bausparkasse verwendet, wodurch er beim Zeit-mal-Geld-System die durch Sonderzahlungen zu bewirkende Verkürzung der Wartezeit herbeiführt. Solches Geschäft ist an sich einwandfrei, bedarf aber sorgfältiger Berechnung wegen der Notwendigkeit, die vorgeschriebene Beleihungsgrenze einzuhalten. Normalerweise wird diese durch Mitverbauung des eigenen Sparguthabens gewahrt. Wird das Sparguthaben aber nicht mit verbaut, weil es von dritter Seite stammt und bei Zuteilung dorthin zurückgewährt werden muß, so ist die Transaktion nur durchführbar, wenn der Wert des zu beleihenden Objekts das Darlehen der Bausparkasse noch entsprechend übersteigt, was z. B. der Fall sein kann, wenn der Bausparer bereits Eigentümer eines wertvollen Grundstücks war und mit Hilfe der Bausparkasse nur die Bebauung durchführen will.

Von manchen Bausparkassen wurde folgendes Verfahren vorgeschlagen: Ein Interessent, der beispielsweise RM 100,000,— haben will, schließt zunächst einen Vertrag nur über RM 10 000,— ab, auf den er hohe prozentuale Einzahlungen leistet, so daß er ziemlich schnell zum Zuge kommt (sogenannter Hülfsvertrag). Die Bausparsumme von RM 10 000,— läßt er sich dann nicht auszahlen, sondern verwendet sie als neue Einzahlung auf den eigentlich beabsichtigten Vertrag über RM 100 000,—. Wird dies Verfahren in großem Umfang geübt, so ist der Vorteil nur scheinbar, weil ja die Bausparkasse keine neuen Mittel erhält und die Zuteilungsmasse nicht erhöht wird. Für den Einzelnen mag es aber ein Mittel zur Beschleunigung darstellen. Es ist nun dabei zu beachten, daß die ursprüngliche Bausparsumme nach der Zuteilung ja dem betreffenden Bausparer als Guthaben zugeschrieben werden soll, demnach als zugeteilt zu gelten hat und somit trotz des Stehenbleibens von ihm gesichert und getilgt werden muß. Voraussetzung ist also, daß der Bausparer bereits ein Grundstück besitzt, auf dem zunächst das erste Darlehen gesichert werden kann, und ferner, daß er in der Lage ist, nach der ersten Zuteilung gleichzeitig dieses Darlehen zu tilgen und auf den neuen Vertrag weitere Spareinzahlungen zu bewirken. Die Aufsichtsbehörde hat erklärt, sie werde in jedem einzelnen Falle, in dem derartige Verträge festgestellt werden, mit Maßnahmen gegen die betreffenden Kassen vorgehen, ohne daß ersichtlich ist, ob sie Hülfsverträge auch dann für unzulässig hält, wenn die erwähnten Voraussetzungen gegeben sind. M. E. sind in diesem Falle gegründete Bedenken nicht zu erheben.

i) Zinsen und Ausgleich.

Seit Gründung der Darmstädter Bau- und Siedlungsgemeinschaft ist in die deutsche Bausparbewegung das Schlagwort von der Zinsfreiheit hineingetragen und tobt in der Bausparwissenschaft und mehr noch in der Werbung der Kampf um zinsbare oder zinsfreie Systeme. In diesem Kampf Stellung zu nehmen ist nicht Aufgabe dieser Schrift. Nur unter dem Gesichtspunkt kann die Frage hier behandelt werden, daß die richtige Art der Durchführung beider Systeme beleuchtet wird. Hierbei muß der Ausgangspunkt sein, daß die Bausparkasse nur Mittler zwischen den einzelnen Bausparern sein soll. Unter diesem Gesichtspunkt ergibt sich folgendes:

1. Theoretisch sind die ausgeliehenen Bauspargelder den Spareinlagen der wartenden Bausparer summenmäßig gleich. Nimmt die Bausparkasse die gleichen Zinsen auf Darlehen, wie sie auf Spareinlagen vergütet, so dienen also die Zinsen restlos dem Ausgleich zwischen den Bausparern. Die Bausparkasse muß ihre Unkosten dann auf andere Weise decken. Sind dagegen die Darlehnszinsen höher als die auf die Spareinlagen vergüteten, so steckt hierin ein Verdienst für die Bausparkasse. Gegen diese Art der Unkosten- oder Verdienstdeckung ist, wenn sie in angemessenen Grenzen bleibt, gewiß nichts einzuwenden, sie entspricht ja der bei den gewöhnlichen Sparkassen üblichen Methode. Der Bausparer muß sich nur darüber klar sein.

daß er diese Zinsdifferenz bezahlt, eine Tatsache, die von manchen Bausparkassen dadurch verschleiert wird, daß sie außerdem noch einen Verwaltungskostenbeitrag erheben. Da dieser dann niedrig sein kann, entsteht bei oberflächlicher Prüfung der Eindruck, als arbeite die betreffende Bausparkasse besonders billig, während tatsächlich das Gegenteil der Fall ist.

2. Man hat jetzt wohl allgemein erkannt, daß die Zinsfreiheit eine krasse soziale Ungerechtigkeit darstellt, da der frühzeitig zugeteilte Bausparer das zinsfreie Geld ja nicht auf Kosten der Bausparkasse, sondern der noch wartenden Bausparer erhält und beim Zeit-mal-Geld-System, vor allem in der Anfangszeit, es gerade die Sparstarken sind, die sich auf diese Weise bereichern, während bei den Sparschwachen der Zinsverlust auf die Spareinlagen den Gewinn durch Nichtverzinsung des Darlehns übersteigen kann. Die einsichtigen Bausparkassen gehen daher in steigendem Maße dazu über, diese Ungerechtigkeit durch Einführung eines sogenannten Ausgleichs zu beseitigen oder wenigstens abzuschwächen, indem sie entweder einen besonderen Zuschlag (Ausgleichsbetrag) oder eine Nachsparpflicht einführen. Letztere beruht auf dem Gedanken, daß der Bausparer ebenso viel und ebenso lange zinsfreies Geld der Bausparergemeinschaft zur Verfügung stellen muß, wie er es von ihr erhält. Nach Tilgung seines Darlehens muß er daher, wenn er noch im Vorteil ist, weitersparen, erhält aber diese nachgesparten Gelder ausgezahlt, sobald der Ausgleich erreicht ist. Wer der Weltanschauung der Zinsfreiheit huldigt, wird dieses System als guten Ersatz der Zinsen ansehen können, der auch den Vorteil bietet, die Zuteilung zu beschleunigen, da er der Bausparkasse einen dauernden Bestand an Fremdgeld verschafft, während die Zinsberechnung eine Beschleunigung nicht herbeiführen kann, da die Zuteilungsmasse dadurch, daß ein Teil der Kunden zugunsten des anderen Teiles Zinsen zahlt, dieser andere Teil somit entsprechend niedrigere Leistungen macht, nicht vermehrt wird[53]). Wer also einer zinsfreien Bausparkasse beitreten will, achte darauf, daß in irgendeiner Form ein genügender Ausgleich vorgesehen ist. Die Normativbedingungen lassen verzinsliche und zinsfreie Systeme zu, der in ihnen empfohlene Ausgleich ist unbedeutend; es wird aber verlangt, daß zinsfreie Kassen in ihren Bedingungen den Bausparer darüber aufklären, daß dem Vorteil des zinsfreien Darlehns der Nachteil des zinsfreien Sparguthabens gegenübersteht. Das Gesetz verlangt nur für den Geschäftsplan Angaben darüber, ob und wie die Leistungen der Bausparkasse zu verzinsen sind (§ 116 Ziff. 1); es sollte selbstverständlich sein, daß die allgemeinen Spar- und Darlehnsbedingungen die gleichen Angaben enthalten.

3. Nach vorstehenden Ausführungen sollen Zinsen und Ausgleichsbeträge grundsätzlich in die Zuteilungsmasse fließen. Rechtlich

[53]) Diese Tatsache ist auch mathematisch nachgewiesen.

dürften, da die Spargelder Eigentum der Bausparkasse sind[54]), die aus ihnen fließenden Einnahmen Gewinn der Kasse darstellen, so daß die Überweisung dieser Gewinne an die Bausparer eine Teilnahme derselben an den Überschüssen der Bausparkasse bedeuten. Im übrigen ist das Problem, ob und nach welchen Grundsätzen und Maßstäben Bausparer an den Überschüssen der Bausparkasse teilnehmen, worüber gemäß § 118 Ziffer 8 die allgemeinen Spar- und Darlehnsbedingungen sich äußern sollen, bisher noch wenig gelöst. Die Normativbedingungen regeln die Frage in Anlehnung an die Grundsätze des Versicherungsvertrages.

k) Verwaltungs- und sonstige Kosten.

Ebenso wie der vorhergehende bietet auch der jetzt zu behandelnde Punkt weniger Raum für juristische als für wirtschaftliche Erwägungen. Seine Darstellung ist gleichwohl notwendig, da die vom Bausparer außer den Sparleistungen zu bewirkenden Aufwendungen zu den beachtlichen, vor Vertragsabschluß zu klärenden Punkten gehören. Ihre Zusammenstellung in einwandfreier, unmißverständlicher Weise wird vom Aufsichtsamt den Bausparkassen zur Pflicht gemacht.

Daß der Betrieb einer Bausparkasse Geld kostet, ist ebenso selbstverständlich wie, daß diese Betriebsmittel in irgendeiner Weise von den Bausparern selbst aufgebracht werden müssen. Darüber, wie das geschieht, muß sich der Geschäftsplan aussprechen (§ 116 Ziffer 5); dagegen hat der Bausparer keinen Anspruch darauf, die Höhe der Verwaltungskosten ziffernmäßig zu erfahren. Die von vielen Bausparkassen tatsächlich erfüllte Forderung einer getrennten Berechnung der Verwaltungskosten, die den Vorzug größerer Durchsichtigkeit hat, ist in der Gesetzesbestimmung nicht enthalten. Sind sie, wie es auch vorkommt, in die Zinssätze eingeschlossen und die Zinsen so in die Tarife verrechnet, daß ihre Höhe nicht erkennbar ist, so ist es dem Laien unmöglich, die Höhe der Verwaltungskosten festzustellen, und dazu kommt noch bei manchen Bausparkassen eine teilweise gesonderte Inrechnungstellung, wodurch leicht der Anschein besonders niedriger Unkosten zu unrecht vorgetäuscht wird. Hier ist also Vorsicht geboten.

Bei den meisten Bausparkassen wird der Verwaltungskostenbeitrag laufend erhoben, das heißt ein bestimmter Teil der Spar- und Tilgungsleistungen, dessen Höhe aus den allgemeinen Spar- und Darlehnsbedingungen ersichtlich sein muß, wird nicht dem Konto des Bausparers gutgeschrieben, sondern auf Verwaltungskosten verrechnet. Außerdem wird ein größerer Betrag bei Abschluß des Vertrages erhoben (in den Normativbedingungen Abschlußgebühr genannt). Dies Verfahren ist wirtschaftlich berechtigt und zweckmäßig. Vor Über-

[54]) Siehe Seite 48.

teuerung ist der Bausparer durch die Kontrolle der Aufsichtsbehörde geschützt, welche die Höhe der Sätze nachprüft.

Man achte darauf, ob der Verwaltungskostenbeitrag oder die sonstige Unkostenberechnung alle oder nur einen Teil der Unkosten umfaßt. Es erscheint an sich angemessen, daß die Prämien der Lebensversicherung, sofern eine solche besteht, gesondert in Rechnung gestellt werden, und ebenso Akte besonderer Inanspruchnahme, wie Umschreibung eines Vertrages, Veränderung der Bausparsumme und dergl. Auch die Kosten für Bauberatung und Baukontrolle sind häufig in den allgemeinen Unkostensätzen nicht mit abgegolten, was bei dem verschiedenen Umfang der Bemühungen durchaus gerechtfertigt ist.

Viele Bausparkassen geben eigene Zeitschriften heraus, die neben Aufsätzen werbenden und belehrenden Inhalts, Anzeigen usw. alle für die Bausparer bestimmten Mitteilungen enthalten. Der Bausparer ist dann verpflichtet, die Zeitschrift zu beziehen. Die hierdurch ihm entstehenden Kosten bedeuten nur scheinbar eine Belastung, da sie der Bausparkasse eine Unmenge Auslagen für Schreibwerk und Porto ersparen und somit eine Niedrigerhaltung der allgemeinen Unkosten ermöglichen. Die Herausgabe dieser Zeitschriften ist daher durchaus zweckmäßig, nur ist natürlich zu verlangen, daß ihr Bezugspreis sich in angemessenen Grenzen hält, und daß die Ersparnisse auch wirklich den Bausparern zugute kommen, worauf übrigens das Aufsichtsamt auch sein Augenmerk richtet.

Im allgemeinen werden die verschiedenen Unkostenbeiträge nicht gesondert erhoben, sondern den Leistungen des Bausparers zugeschlagen bzw. „seinem Sparguthaben entnommen". Hierdurch sind sie dem Bausparer weniger fühlbar, was aber natürlich an der allgemeinen Kalkulation nichts ändert.

Endlich hat der Bausparer neben den eigentlichen Verwaltungskosten die auf seinem Vertrag lastenden Steuern aufzubringen. Der Reichsfinanzhof hat in einer aufsehenerregenden Entscheidung im Jahre 1931[55]) in einem bestimmten Fall die Sparleistungen für der 2 % der jeweiligen Zahlung betragenden Versicherungssteuer unterliegend erklärt, und die Finanzämter sind seitdem allgemein angewiesen, diese Steuer zu erheben. Wohl alle Bausparkassen haben dagegen Rechtsmittel eingelegt, jedoch ist zurzeit eine neue Entscheidung des Reichsfinanzhofs noch nicht ergangen, und die Steuer muß daher einstweilen eingezogen werden. Die Entscheidung ist auf einen Einzelfall abgestellt und beruht sehr wesentlich auf Tatbestandsmerkmalen, die für den Bausparvertrag nicht typisch sind; das eigentliche Wesen des Bausparvertrags wird in bedauerlicher Weise verkannt. Die Entscheidung ist von verschiedenen Seiten[56]) mit so eingehender und zutreffender Begründung angegriffen worden, daß dem nichts hinzuzufügen ist.

[55]) Abgedruckt J. W. 1931 Seite 2407.

[56]) Bauer-Mengelberg, J. W. 1931 Seite 3234, Hagen, ebenda, Seite 3235, Berliner-Fromm Seite 638.

l) Gerichtsstand.

Die allgemeinen Spar- und Darlehnsbedingungen sollen Bestimmungen enthalten über das Verfahren bei Streitigkeiten aus dem Bausparvertrag und über das zuständige Gericht (§ 118 Ziffer 7). Das Gesetz selbst enthält keine Vorschriften über Zuständigkeit, insbesondere fehlt eine dem § 48 VVG. entsprechende Bestimmung, wonach bei Abschluß des Vertrages durch einen Agenten für Klagen gegen den Versicherer das Gericht des Ortes zuständig ist, wo der Agent seine gewerbliche Niederlassung hat. Es bewendet demnach bei den allgemeinen Bestimmungen der Zivilprozeßordnung. Danach bestimmt sich in der Regel die Zuständigkeit nach dem Wohnsitz der beklagten Partei. Der Bausparer muß also eine Klage gegen die Bausparkasse bei dem Gericht anhängig machen, in dessen Bezirk sie ihren Sitz hat. Eine Zweigniederlassung begründet eine besondere Zuständigkeit für Klagen aus von derselben abgeschlossenen Rechtsgeschäften. Dieser Gerichtsstand wird aber für Bausparkassen kaum in Frage kommen, da ihre auswärtigen Geschäftsstellen in der Regel keine Zweigniederlassungen im Sinne des Gesetzes sind, sondern nur Annahmestellen. Für ihre eigenen Klagen gegen den Bausparer pflegen die Bausparkassen die Zuständigkeit des Gerichts ihres Sitzes zu vereinbaren. Diese Zuständigkeit kann auch nach allgemeinen Grundsätzen indirekt dadurch herbeigeführt werden, daß der betreffende Ort als Erfüllungsort bezeichnet wird, wodurch freilich dem Erfordernis des § 118 Ziffer 7 nicht genügt ist.

Für die Hypothek oder die Leistungen aus derselben betreffende Klagen besteht die Zuständigkeit des Gerichts, in dessen Bezirk das belastete Grundstück belegen ist. Dieser Gerichtsstand ist ausschließlich, das heißt er kann vertraglich weder durch die Vereinbarung eines anderen Gerichtsstands noch eines Schiedsgerichts ersetzt werden. Mit der Klage aus der Hypothek kann die persönliche Schuldklage verbunden werden.

Die Normativbedingungen lassen es bei dem gesetzlichen Gerichtsstand bewenden, wobei aber zu berücksichtigen ist, daß die sonstigen Bestimmungen Klagen der Bausparkasse gegen Bausparer zu den Seltenheiten gehören lassen. Wo das nicht der Fall ist, wird die Aufsichtsbehörde vermutlich gegen den allgemeinen Gerichtsstand des Sitzes der Kasse nichts einzuwenden haben, da sie angesichts der vielen zweifelhaften Rechtsfragen eine einheitliche Rechtsprechung, wie sie nur durch einheitlichen Gerichtsstand gewahrt werden kann, für wünschenswert hält.

Von dem oben erwähnten Sonderfall abgesehen ist es zulässig, für die Streitigkeiten aus dem Bausparvertrag an Stelle der ordentlichen Gerichte Schiedsgerichte zur Entscheidung zu berufen. Von dieser Möglichkeit machen manche Bausparkassen Gebrauch, indem sie entweder für alle oder für bestimmte Kategorien von Streitigkeiten schiedsgerichtliche Erledigung vorschreiben. Die Zusammensetzung des Schiedsgerichts wird vertraglich bestimmt. Enthalten die allgemeinen Spar- und Darlehnsbedingungen über dieselbe nichts, so steht jeder Partei die Ernennung eines Schiedsrichters zu. In den Normativbedingungen ist ein Schiedsgericht nicht vorgesehen, und es scheint auch, daß aus verschiedenen Gründen die Aufsichtsbehörde dasselbe nicht zulassen wird.

III.

Die Sparzeit.

a) Sparpflicht.

Aus dem Wesen des Bausparvertrags ergibt sich, daß niemand ein Darlehen von der Bausparkasse erhalten kann, wenn er nicht vorher in gewissem Umfang sein Spargeld der Gesamtheit zur Verfügung gestellt hat. Die Bausparkasse ist die Verteilungsstelle für die Spargelder; nur wer an der Aufbringung derselben beteiligt ist, hat Anspruch darauf, seine Bausparsumme zu erhalten. Anders als beim gewöhnlichen Sparen kann daher der Umfang der Sparleistung nicht im Belieben des Einzelnen stehen,sondern muß zu einer rechtlich erzwingbaren Pflicht ausgestaltet werden. Dabei bedingen das Verlosungs- und das Listensystem feste Prozentsätze der Bausparsumme, während beim Zeit-mal-Geld-System die Höhe der Sparbeiträge im Belieben des Einzelnen steht, immerhin auch in einer gewissen Mindesthöhe vorgeschrieben sein muß, um ein gutes Funktionieren des Systems zu ermöglichen. Die Bedingungen formulieren das meist so, daß der Bausparer verpflichtet ist, monatlich so und so viel Promille der abgeschlossenen Bausparsumme einzuzahlen, und daß ihm Mehrleistungen freigestellt sind. Hierbei ist nun zu beachten, daß bei manchen Bausparkassen diese Sonderleistungen auf die Sparpflicht voll angerechnet werden, der Bausparer also sich durch einmalige Sonderleistung auf längere Zeit von den Pflichtzahlungen befreien kann, während bei anderen wieder Sonderleistungen die Mindestsparpflicht nicht berühren. Es ist also genau zu beachten, wie die Sparpflicht in den allgemeinen Spar- und Darlehnsbedingungen geregelt ist.

Nach den Normativbedingungen werden zwei getrennte Gruppen geführt, die der Regel- und die der Wettsparer. In der ersteren wird nach dem Listensystem, in der letzteren nach dem Zeit-mal-Geld-System zugeteilt. Der Eintritt in die Gruppe der Wettsparer erfordert die Vorauszahlung von mindestens zwölf Monatsraten, ohne daß dadurch die weitere Sparpflicht aufgehoben wird. Nur was über die Mindestzahlungen hinaus geleistet wird, nimmt an der Berechnung als Sonderleistung teil. Die Bewertung der Sonderleistungen soll erst nach Ablauf eines Karenzjahres (für jede Einzahlung einzeln gerechnet) erfolgen. Hierdurch soll jedenfalls verhindert werden, daß ein Bausparer durch eine größere Sonderzahlung die alsbaldige Zuteilung, bei der er dann ja sein Geld sofort wieder zurückerhält, herbeiführen kann.

Kunden, die nur der Form nach abschließen, aber keine oder ungenügende Beiträge leisten, kann die Bausparkasse nicht gebrauchen. Um die Belastung mit solchen Kunden in deren eigenem Interesse wie in dem der Bausparergemeinschaft zu vermeiden, verlangt die Aufsichtsbehörde, daß bei Aufnahme eines Antrags die Verhältnisse des Interessenten geprüft werden. Die hierauf abzielenden Fragen sind also keineswegs müßige Neugier, sondern Erfüllung einer vernünftigen behördlichen Vorschrift.

Tatsächlich sind bisher oft genug Bausparer geworben worden, die als ernsthafte Anwärter niemals angesehen werden konnten, und es war bei manchen Bausparkassen der Verdacht nicht von der Hand zu weisen, daß es ihnen weniger auf vertragstreue Kunden als vielmehr nur auf die Verwaltungskosten ankam. So zeigten die Prüfungen bei solchen Kassen einen unverhältnismäßig großen Bestand an „Papiersoldaten", und es ist an sich erfreulich, daß gegen diesen Unfug energisch vorgegangen wird. Leider schütten hierbei die Normativbedingungen in einer höchst unglücklichen Bestimmung das Kind mit dem Bade aus: Danach soll nämlich die Bausparkasse verpflichtet sein, nach gewisser Zeit einem mit den Beiträgen säumigen Sparer eine Frist zu setzen und nach fruchtlosem Ablauf dieser Frist den Vertrag in einen „beitragsfreien" umzuwandeln[57]). Diese Bestimmung trägt nicht den vielen normalen Fällen Rechnung, in denen ein ernsthafter, durchaus williger Bausparer durch den Zwang der Verhältnisse zu vorübergehender Einstellung oder auch nur Einschränkung seiner Zahlungen genötigt wird. Sie wird auch nicht den Fällen gerecht, in denen ein Bausparer zahlungsfähig, aber böswillig ist (vielleicht, weil er von der Konkurrenz aufgehetzt ist). Den Interessen der Gemeinschaft wird durch Durchführung der Sparpflicht[58]) gedient, aber nicht durch Hinauswerfen der Zahlungssäumigen. Überdies ist die Bestimmung rechtlich verfehlt, denn die allgemeinen Spar- und Darlehnsbedingungen erlangen rechtliche Wirkung dadurch, daß sie den einzelnen Verträgen unterlegt werden, also als Einzelverträge, und die in ihnen statuierten Pflichten der Bausparkasse sind Pflichten gegenüber dem betreffenden Kontrahenten, nicht aber gegenüber der Gesamtheit. Diese letzteren Pflichten, die sich aus dem Wesen des Bausparvertrags ergeben, können notfalls durch Eingreifen der Aufsichtsbehörde erzwungen werden, und so würde die Aufsichtsbehörde auch in der Lage sein, die Entfernung der Papiersoldaten im Aufsichtswege herbeizuführen.

---

[57]) Auch dieser Ausdruck scheint mir verfehlt. Zum Wesen des Bausparvertrags gehört die Anwartschaft auf ein Darlehen. Die hat aber bei dem sogenannten beitragsfreien Vertrag der Bausparer nicht mehr, sondern er erhält lediglich zu der Zeit, zu der er zur Zuteilung kommen würde, sein — bei Zinskassen aufgezinstes — Sparguthaben zurück und steht sich damit schlechter, als wenn er kündigen würde. Es ist bedauerlich, daß die Normativbedingungen sich solchen zu Irrtümern verleitenden Ausdrucks bedienen.

[58]) Inwieweit sie durchzuführen ist, ist Seite 55 näher erläutert.

Höhe und Fälligkeit der Leistungen des Bausparers sollen aus den allgemeinen Spar- und Darlehnsbedingungen hervorgehen (§ 118 Ziff. 1), und zwar mit solcher Klarheit, daß der Interessent sofort einen Überblick über sämtliche ihm obliegenden Leistungen erhält.

Die von den Bausparkassen umgesetzte Ware ist Geld. Sie sollen dem zugeteilten Bausparer Geld auszahlen, und demzufolge müssen auch die Einzahlungen in Geld erfolgen[59]. Es ist unsinnig und zweckwidrig, wenn eine Bausparkasse Einzahlungen etwa in Hypotheken oder Wertpapieren annimmt[60]. Guthaben bei Banken oder Sparkassen können als Einzahlung dienen, wenn die Bausparkasse die sofortige Verfügung darüber erhält. Werden solche Guthaben aber erst zu einem späteren Zeitpunkt ausgezahlt, so können sie dem Bausparer als Sparleistung erst mit diesem späteren Datum gutgebracht werden, einerlei wann die Abtretung an die Bausparkasse erfolgt. Verschafft sich der Bausparer einen Einzahlungsbetrag von dritter Seite[61], so ist das ein Internum zwischen dem Geldgeber und ihm, der Bausparkasse gegenüber kann lediglich der Bausparer als Berechtigter und Verpflichteter in Erscheinung treten[62].

b) **Das Eigentum an den Spargeldern.**

Die Bausparkasse kann ihre Aufgabe, Mittler zwischen den einzelnen Bausparern zu sein und die Verteilung des Geldes unter ihnen zu regeln, nur erfüllen, wenn sie vollkommene Verfügungsgewalt über die Spargelder erhält. Alle Gelder müssen also in ihr Eigentum übergehen, und das geschieht auch in der Tat[63]. Es ist nicht zu leugnen, daß hierbei ein gewisses Maß von Vertrauen auf seiten des Bausparers notwendig ist, wie es nun einmal in jedem Falle vorhanden sein muß, in dem jemand sein Geld einem Anderen anvertraut. Um dasselbe auf das notwendige Mindestmaß herabzusetzen und dem Bausparer die größtmögliche Sicherheit zu geben, werden von den einzelnen Bausparkassen verschiedene Wege eingeschlagen. Der naivste und verkehrteste darunter ist der, jedem Bausparer eine seinem Guthaben entsprechende Sicherheit aus der Masse in die Hand zu geben. Damit wird das Wesen des Kollektivismus auf den Kopf gestellt, es ist jetzt vom Aufsichtsamt verboten. Bei der Suche nach dem richtigen Weg

---

[59] Ebenso Berliner-Fromm Seite 647.

[60] Denkbar ist natürlich, daß die Bausparkasse mit der Verwertung beauftragt wird; in diesem Falle kann der Erlös mit dem Tage des Eingangs bei der Bausparkasse als Zahlung gelten. Es scheint mir aber richtiger, wenn die Bausparkassen sich mit solchen Geschäften überhaupt nicht befassen und es den hierzu berufenen Wirtschaftsstellen überlassen, solche Vermögenswerte zu Geld zu machen.

[61] Hierüber siehe Seite 39.

[62] Wegen Abtretung und Verpfändung siehe Seite 62 f.

[63] Ebenso Berliner-Fromm Seite 650. Kisch, Konkursaussonderungsrecht der Bausparer? Deutsche Bausparer-Zeitung 1932 Nr. 15.

ist zu überlegen, daß es für möglichste Sicherung zwei Gründe gibt, die Sicherung gegen Untreue der Geschäftsführung und die gegen unverschuldete Verluste. Der letztere Gedanke hatte zu der Anregung geführt, den Bausparern im Konkurse der Bausparkasse ein Vorrecht zu gewähren, eine Anregung, auf die leider der Gesetzgeber nicht eingegangen ist. So kommen manche Bausparkassen auf den Gedanken, künstlich ein Sondervermögen zu schaffen, indem die ganze Geldverwaltung nicht von der Bausparkasse selbst, sondern von einer anderen als Treuhänderin der Bausparer bezeichneten Unternehmung geführt wird. Ob hierdurch der gewünschte Zweck erreicht wird, ob vor allem bei Konkurs der Bausparkasse dies Treuhandvermögen nicht doch zur Masse gezogen werden kann, erscheint mir nicht unzweifelhaft. Vor allem ist aber praktisch dieser Fall überhaupt nicht sehr wichtig, denn eine gut geleitete Bausparkasse soll überhaupt keine Geschäfte außer dem Bausparen machen, aus denen ihr Verluste entstehen könnten, und es ist eben viel wichtiger, daß die Leitung der Bausparkasse einwandfrei arbeitet. Die Möglichkeit unredlicher Geschäftsführung wird ja auch durch die Treuhänderschaft nicht ausgeschaltet, sie kann nur auf ein Mindestmaß herabgesetzt werden dadurch, daß die Verfügung über die Mittel der Bausparkasse, mögen sie nun von dieser selbst oder von einem Treuhänder verwaltet werden, erschwert wird. Unter diesem Gesichtspunkt pflegen die meisten Bausparkassen die Spargelder auf Sperrkonten zu belegen, über die die Geschäftsleitung nur gemeinsam mit weiteren Persönlichkeiten verfügen kann. Nach dem heutigen Stand der Gesetzgebung dürfte dies die weitgehendste Sicherung sein, die geboten werden kann.

Eine wesentliche Sicherung ist zweifellos durch die gesetzlichen Bestimmungen über Vertrauensleute, Prüfung und Revisionen geschaffen; die besondere Einsetzung eines Treuhänders dürfte sich durch diese Bestimmungen erübrigen und wird auch dem Vernehmen nach von der Aufsichtsbehörde nicht gewünscht.

c) Die Zuteilung.

Der vertragliche Anspruch des Bausparers geht, zunächst einmal bewußt ungenau ausgedrückt, auf Zuteilung in Gemäßheit des Geschäftsplans. Das Wort „Zuteilung" ist, irgendwie und irgendwann erfunden, in die Geschäftspläne wohl aller Bausparkassen aufgenommen und hat auch seinen Einzug in das Gesetz gehalten, ohne dort oder sonstwo definiert zu sein. Eine genaue Erklärung läßt sich aber um so weniger entbehren, als vielfach ein unglaublicher Mißbrauch mit dem Begriff getrieben worden ist. Um diese Dinge zu verstehen, ist es zweckmäßig, sich nochmals die tatsächlichen Vorgänge vor Augen zu führen.

Spar- und Tilgungsbeträge gehen allmählich bei der Bausparkasse ein. Es bildet sich also ein von Tag zu Tag anwachsender Fonds an flüssigen Mitteln, der eines Tages seiner bestimmungsgemäßen Verwendung durch Verteilung an die Bausparer zugeführt wird. Wann und in welchem Umfang das zu geschehen hat, bestimmt gemäß § 116 Ziff. 4 der Geschäftsplan und wird gemäß § 118 Ziff. 2 auch aus den allgemeinen Spar- und Darlehnsbedingungen hervorgehen müssen. Die Angabe in den Normativbedingungen, es solle eine Zuteilung stattfinden, sobald ein im Geschäftsplan festgesetzter Barbetrag vorhanden sei, genügt m. E. der gesetzlichen Vorschrift nicht. Man denke daran, daß beim Zeit-mal-Geld-System die Reihenfolge sich durch Verschiebung der Zuteilung um nur einen Tag ändern kann, um einzusehen, daß zur Vermeidung von Willkür die kalendermäßige Festsetzung erforderlich ist. In der Regel finden die Verteilungen alle drei Monate, bei größeren Kassen auch öfter, statt. Die Geschäftsleitung muß nun feststellen, wieviel Geld verteilt werden kann und welche Bausparer es zu erhalten haben. Diese Feststellung hat verschiedene Bedeutung, je nach dem Zuteilungssystem. Beim Verlosungssystem nämlich wird durch die Auslosung erst bestimmt, welche Bausparer das verfügbare Geld erhalten, während sie bei den anderen Systemen latent bereits feststehen und nur aus den Büchern ermittelt werden müssen. Die Zuteilung hat, wie die Rechtssprache es nennt, im ersteren Fall konstitutive, sonst deklaratorische Bedeutung.

Die solchergestalt ermittelten Bausparer erhalten nun Mitteilung von ihrem Glück und müssen jetzt die zwecks Sicherung des Darlehens für die Auszahlung erforderlichen Bedingungen erfüllen[64]). Hierbei handelt es sich nicht um Bedingungen im Rechtssinne, sondern um die Voraussetzungen, von deren Erfüllung die allgemeinen Spar- und Darlehnsbedingungen die Auszahlung abhängig machen. Sobald sie erfüllt sind, muß die Auszahlung der Bausparsumme erfolgen.

Der ganze Zuteilungsvorgang zerfällt demnach in mehrere Phasen: 1. die Feststellung der zum Zuge kommenden Bausparer, 2. die Mitteilung an die Zugeteilten, 3. die Auszahlung. Wenn es bei Berliner-Fromm[65]) heißt, ein klagbarer Anspruch der Bausparer entstehe erst mit der Zuteilung, und ebenso die Normativbedingungen den Darlehnsanspruch erst dadurch entstehen lassen, daß der Bausparer bei der Zuteilung „zur Hebung kommt", so ist das nicht ganz richtig gesehen. Nur beim Verlosungssystem haben wir gesehen, daß die Zuteilung konstitutive Bedeutung hat, während im übrigen der bereits bei Vertragsabschluß aufschiebend bedingt bestehende Anspruch durch die Erfüllung gewisser Voraussetzungen fällig wird, deren Vorliegen bei der Zuteilung lediglich deklaratorisch festgestellt wird.

Davon abgesehen wird die Zuteilung in den Normativbedingungen zutreffend behandelt, indem die einzelnen Abschnitte des Verfahrens scharf herausgearbeitet sind. Der erste wird Zuteilungsverhandlung

[64]) Hierüber siehe Seite 69 f.

[65]) Seite 642.

genannt. Für den zweiten wird berücksichtigt, daß manchmal der Bausparer das Geld noch gar nicht haben will und es dann nötig ist, im allgemeinen Interesse der Bausparkasse die alsbaldige anderweitige Verfügung über diese Summe zu ermöglichen. Es wird daher dieser Teil der Zuteilung, der an sich eine einseitige empfangsbedürftige Willenserklärung darstellt, annahmebedürftig gemacht, das heißt, die Zuteilung verliert ihre Wirkung, wenn nicht der Bausparer innerhalb einer bestimmten Frist die Annahme erklärt. Nimmt er die Zuteilung an, so hat er damit einen Rechtsanspruch auf Auszahlung erworben.

Daß letzten Endes die „Zuteilung" auf Auszahlung der Bausparsumme hinausläuft, mag selbstverständlich erscheinen, und doch ist mit dem Begriff der Zuteilung in der Praxis schon recht merkwürdig umgegangen. Da nämlich als Folge der meist mehrmonatigen Auszahlungszeit sich bei den Bausparkassen stets ein Fonds an flüssigen Mitteln ansammelt, entstand der Gedanke, sich bei der Zuteilung nicht auf die paraten Mittel zu beschränken, sondern diejenigen hinzuzunehmen, mit deren Eingang innerhalb der Auszahlungszeit gerechnet werden kann. Dieser an sich gesunde und in gewissen Grenzen wohl ausführbare Gedanke brachte nun manche Kassen zu dem weiteren, einen bewußten, nicht nur zeitlichen, sondern auch rechtlichen Unterschied zwischen Zuteilung und Auszahlung zu machen. Um nämlich in der Werbung mit recht großen Zahlen zugeteilter Summen prunken zu können, teils auch um sich von unverantwortlichen Zusagen zu befreien, teilten sie weit über das zulässige Maß hinaus zu und verweigerten dann die Auszahlung, die sie in dem Umfang gar nicht leisten konnten, mit der Begründung, Zuteilung und Auszahlung sei zweierlei, und die Zuteilung gebe noch keinen Auszahlungsanspruch. Das ist zweifellos unrichtig, und es ist erfreulich, daß mit diesem Unfug von der Aufsichtsbehörde energisch aufgeräumt wird.

Seit Inkrafttreten des Gesetzes haben manche Kassen versucht, aus diesem Dilemma dadurch herauszukommen, daß sie entweder sich auf ihre Bedingungen bezogen, wonach die Darlehnsgewährung von dem Vorhandensein genügender Mittel abhängig sei, oder die Aufsichtsbehörde vorschützten, welche die Auszahlung als geschäftsplanwidrig nicht gestatte. Beides sind leere Vorwände, der Anspruch des zugeteilten Bausparers auf Auszahlung unterliegt keinem Zweifel[66]).

Wir haben vorstehend den Fall behandelt, daß zwar die Zuteilung im engeren Sinne, aber nicht die Auszahlung erfolgt ist. Aber auch für den bei der Zuteilungsverhandlung nicht berücksichtigten Bausparer kann sich ein Rechtsanspruch ergeben. Dafür kommen folgende Fälle in Betracht:

---

[66]) Vergleiche hierzu Bauer-Mengelberg, J.W. 1932 Seite 2956, der sich überhaupt mehrfach mit dem Wesen der Zuteilung zutreffend befaßt hat. Siehe auch J.W. 1931 Seite 3416.

1. Die Zuteilungsverhandlung ist unrichtig gewesen. Bei richtiger Vornahme wäre ein Bausparer zum Zuge gekommen. Das praktische Vorkommen dieses Falles wird jetzt durch die vorgeschriebene Kontrolle der Zuteilungen ausgeschaltet.

2. Manche Bausparkassen, die mit geschlossenen Gruppen arbeiten, stellen einen vollständigen Zuteilungsplan für die einzelnen Gruppen auf, dergestalt, daß sie für jedes Jahr die Zuteilung eines bestimmten Prozentsatzes der gesamten Bausparsummen der betreffenden Gruppe versprechen. Solche Pläne müssen auf festen Spar- und Tilgungsleistungen aufgebaut sein. Wenn nun in diesen Leistungen erhebliche Ausfälle eintreten, so ist auch bei ordnungsmäßiger Geschäftsführung die Nichteinhaltung des Planes denkbar. In diesem Fall besteht ein Rechtsanspruch des Bausparers auf Einhaltung des Zuteilungsplans ohne Rücksicht auf die Höhe der tatsächlich vorhandenen Mittel, ein Anspruch, der notfalls aus dem eigenen Vermögen der Kasse zu befriedigen ist und, wenn dieses nicht ausreicht, zum Konkurs führen kann. Es ist daran zu erinnern, daß die Zuteilungsmasse kein Sondervermögen bildet, so daß folgerichtig auch die Ansprüche der Bausparer nicht auf dieselbe beschränkt sind. Die Durchführbarkeit solcher Ansprüche wird aber dadurch erschwert, daß wohl festzustellen ist, ob die Zuteilungen in ausreichendem Umfang stattgefunden haben, aber nicht, wer bei weiterer Zuteilung an die Reihe gekommen wäre. In solchem Falle wird daher Anrufen der Aufsichtsbehörde der gegebene Weg sein.

3. Bei Bausparkassen, die einen festen Zuteilungsplan in dem dargelegten Sinne nicht haben, kann der Fall der Auszahlungsunmöglichkeit nur eintreten, wenn die Voraussetzungen, auf denen die Berechnung der längsten Wartezeit aufgebaut ist, sich nicht verwirklichen. Die Angabe der längsten Wartezeit gibt dem Bausparer den Rechtsanspruch auf Auszahlung spätestens zu diesem Termin. Die Rechtsfolgen sind ersichtlich die gleichen wie im Falle 2.

An dieser Stelle muß nun erörtert werden, worauf denn eigentlich der bisher von uns etwas unklar als Auszahlungsanspruch bezeichnete Anspruch des Bausparers geht. Das Ziel des Bausparers geht auf Ansammeln einer bestimmten Vertragssumme, die wir Bausparsumme genannt haben. Sie setzt sich in der Regel aus zwei Teilen zusammen, dem eigenen Spargeld des Bausparers und dem zusätzlichen Darlehen, das er von der Bausparkasse erhält und das so groß sein muß, daß es zusammen mit dem Sparguthaben die Bausparsumme ergibt. Das ist das, was der Bausparer durch den Bausparvertrag erreichen will, und demnach geht m. E. sein Anspruch auf Auszahlung der Bausparsumme. Wenn demgegenüber das Gesetz nur von der Gewährung von Darlehen spricht, so ist das belanglos, da die Begriffsbestimmung des Gesetzes ja keine privatrechtliche Bedeutung hat. Dagegen sollten die allgemeinen Spar- und Darlehnsbedingungen diesen Fehler vermeiden und feststellen, daß der zugeteilte Bausparer die Bausparsumme erhält. Auch die Normativbedingungen sprechen nur von dem Darlehnsanspruch. Darüber wird man bei vernünftiger Interpretation hinwegkommen; im übrigen ergeben sich praktische Unterschiede in der Frage der Abtretung, Verpfändung und Pfändung.

Kann also der zugeteilte Bausparer Auszahlung der Bausparsumme beanspruchen, so hat auch die längste Wartezeit die Bedeutung, daß nach ihrem Ablauf die Bausparsumme auszuzahlen ist. Auch hiergegen sündigen die Normativbedingungen, indem nach ihnen bei Erreichung der längsten Wartezeit der Bausparer lediglich sein Sparguthaben zurückerhalten soll. Nun könnte man sagen, das sei tatsächlich dasselbe, indem die längste Wartezeit eben die Zeit darstelle, innerhalb derer der Bausparer die Bausparsumme selbst zusammengespart habe. Das braucht aber nicht immer der Fall zu sein. So berechnet sich bei Zinssystemen die längste Wartezeit unter Hinzurechnung von Zins und Zinseszins in der in den Bedingungen angegebenen Höhe, diese kann aber unter gewissen Voraussetzungen sich ermäßigen.

4. Der wichtigste und leider bisher wenigstens nicht seltene Fall ist der, daß einem Bausparer Auszahlung zu einem bestimmten Termin versprochen wird (sogenannte Terminszusage). Soweit eine solche Zusage nicht etwa aus anderen Mitteln als der Zuteilungsmasse erfüllt werden soll, ist sie schlechthin unzulässig, da niemals vorauszusehen ist, ob sie der nach dem Geschäftsplan ordnungsmäßig vorzunehmenden Zuteilung entsprechen wird. Dem betreffenden Bausparer gegenüber ist sie gleichwohl wirksam und verbindlich[67]. Das ist bezüglich solcher Terminszusagen, die vor Inkrafttreten des Gesetzes gegeben sind, unbestritten. Dagegen scheint die Aufsichtsbehörde anderer Ansicht zu sein bezüglich späterer Zusagen, indem sie dieselben in der Verfügung vom 15. Februar 1932 als strafbare (und damit nach § 134 BGB. nichtige?) Abweichung vom Geschäftsplan bezeichnet. Das halte ich nicht für richtig; nicht das Versprechen, sondern erst seine Erfüllung verstößt gegen den Geschäftsplan, während die Zusage durchweg auf der Behauptung, vielleicht auch wirklich auf der Meinung, beruht, daß die Einhaltung der Terminszusage dem Geschäftsplan entsprechen werde. Der Bausparer hat also auf Grund der Terminszusage in jedem Falle einen klagbaren Anspruch auf Erfüllung. Da nun den gleichen Anspruch alle diejenigen Bausparer haben, die ohne Berücksichtigung solcher Zusagen ordnungsmäßig zum Zuge kommen würden, so reicht die Zuteilungsmasse zur Befriedigung aller Ansprüche nicht aus, und wenn keine anderen Mittel vorhanden sind, ist die Bausparkasse zahlungsunfähig und reif zum Konkurs.[68])

Es erschien angebracht, den Begriff der Zuteilung, die ja das

---

[67]) Vergl. Seite 32.
[68]) Siehe hierzu aber Seite 82.

wesentlichste Recht des Bausparers darstellt, eingehender zu behandeln. Zusammenfassend ist nochmals zu sagen:

1. Die allgemeinen Spar- und Darlehnsbedingungen müssen ergeben, wie oft und wann Zuteilungen stattzufinden haben.

2. Darauf, daß sie in Gemäßheit der Bedingungen stattfinden, hat der Bausparer einen Rechtsanspruch.

3. Die Zuteilung muß über die ganze zur Zeit ihrer Vornahme vorhandene Masse disponieren. Vordispositionen können in mäßigen Grenzen zulässig sein.

4. Die ordnungsmäßige Vornahme der Zuteilungen wird durch einen Vertrauensmann kontrolliert und ist durch Strafbestimmung sichergestellt.

5. Über das Resultat der Zuteilungsverhandlung dürfte jeder Bausparer Auskunft beanspruchen können.

6. Anspruch auf Auszahlung der Bausparsumme hat
   a) der Bausparer, der zum Zuge kommt,
   b) derjenige, dem mitgeteilt wird, daß er zugeteilt ist,
   c) derjenige, der nach dem Geschäftsplan hätte zugeteilt werden müssen,
   d) jeder Bausparer nach Zurücklegung der längsten Wartezeit,
   e) der Inhaber einer Terminszusage.

d) Die Verwaltungspflicht der Bausparkasse.

Die Darlegungen des vorhergehenden Abschnitts ergeben, daß das Recht auf Zuteilung, richtig ausgelegt, weitergeht als der üblichen Auffassung entspricht. Aber die Rechte der Bausparer erschöpfen sich auch darin noch nicht; es kommt vielmehr noch eine wichtige weitere Pflicht der Bausparkasse hinzu, die kurz gesagt darin gipfelt, daß alles das getan werden muß, was zu einer möglichsten Beschleunigung der Zuteilung führt[69]). Der Gemeinschaftsgedanke nämlich, der dem Bausparen zugrunde liegt, bedingt, daß jeder einzelne das Seine zur Erreichung des gemeinsamen Ziels beiträgt; das kann jeder Bausparer von der Gemeinschaft beanspruchen. Da nun nach unserer rechtlichen Konstruktion die Bausparkasse diejenige Organisation darstellt, in der die Bausparergemeinschaft zusammengeschlossen ist, liegt ihr die Pflicht ob, die Gemeinschaft so zu führen, daß sie die Ansprüche des Einzelnen erfüllen kann. Unter diesem Gesichtspunkt ergibt sich insbesondere folgendes:

---

[69]) Eingehend begründet ist diese Pflicht in den Aufsätzen von Möller, Zentralblatt für Handelsrecht, und von Magnus und Möller, Hanseat. Rechts- und Gerichtszeitschrift 1932 A Seite 505 u. 513. Möller spricht von einer „Chancenverschaffungspflicht", die er als reziproke Pflicht der Gefahrtragungspflicht im Versicherungsrecht gegenüberstellt. Der praktische Unterschied unserer Anschauungen ist gering.

1. Die Bausparkasse hat das ihre zu tun, die zu einem schnellen Ablauf erforderliche Teilnehmerzahl zusammenzubringen. Sie hat also in angemessener Weise die Werbung neuer Kunden zu betreiben. Das wird auch von den meisten Bausparkassen instinktiv gefühlt und vielfach in den Bedingungen dadurch zum Ausdruck gebracht, daß ein Teil des Verwaltungskostenbeitrags als Werbekosten bezeichnet wird.

2. Die Bausparkasse hat für Sicherstellung der ihr anvertrauten Gelder zu sorgen. Sie muß daher die bei ihr eingehenden Beträge bis zur Verteilung sicher anlegen und bei Zuteilung die Auszahlung von den im Verkehr gebotenen und den aus den Bedingungen sich ergebenden Sicherungen abhängig machen.

3. Säumige Mitglieder sind zur Erfüllung ihrer Pflichten anzuhalten. Es ergibt sich zwanglos aus diesem Satz, der seinerseits wiederum eine selbstverständliche Konsequenz der Verwaltungspflicht ist, daß die Seite 47 behandelte Regelung der Normativbedingungen falsch ist. Richtig ist vielmehr, daß im Falle eines Verzuges die Bausparkasse nach den Grundsätzen zu handeln hat, die für die ordnungsmäßige Verwaltung fremden Vermögens bestehen. Das bedeutet, daß in erster Linie auf Einziehung der rückständigen Beträge, notfalls im Wege des Zwanges, zu sehen ist, und daß hiervon nur dann Abstand genommen werden darf, wenn die Einziehung entweder aussichtslos oder mit Rücksicht auf die Verhältnisse des säumigen Bausparers als unbillige Härte erscheint. In diesen letzteren Fällen wird allerdings für eine Ausmerzung des eine überflüssige Belastung darstellenden Mitglieds aus der Gemeinschaft zu sorgen sein.

4. Im Interesse eines reibungslosen Ablaufs darf kein Geld länger brachliegen als unbedingt nötig ist. Die Bausparkasse muß daher darauf dringen, daß der zugeteilte Bausparer sein Geld sobald wie möglich abruft, und sich die Möglichkeit in den Bedingungen offenhalten, bei Verzögerung über die Bausparsumme anderweitig zu verfügen. Das wird auch von den Normativbedingungen anerkannt.

5. In gleicher Weise wie die Sparbeträge müssen auch die Tilgungsbeträge eingezogen werden, auch hier gilt die Erlaubnis zur Nachsicht in geeigneten Fällen.

6. Der Verwaltungspflicht entspricht die Erhebung von Verwaltungskosten. Es ist daher richtig, daß im Falle der Kündigung oder eines von der Bausparkasse nicht verschuldeten Rücktritts sie die für die abgelaufene Zeit entrichteten oder fällig gewordenen Verwaltungskostenbeiträge be- bzw. erhält.

e) Verletzung der Verwaltungspflicht durch Änderung der allgemeinen Spar- und Darlehnsbedingungen.

Die Verwaltungs- oder Chancenverschaffungspflicht gibt auch den Schlüssel zu der Frage, welchen Einfluß eine Änderung der allgemeinen Spar- und Darlehnsbedingungen auf die bestehenden Verträge ausübt. Diese Frage ist von weittragender Bedeutung, denn es wird kaum eine Bausparkasse geben, die nicht jetzt zwecks Zulassung zu einschneidenden Änderungen gezwungen ist, und sie wird auch in weiterer Zukunft noch eine Rolle spielen, da die Normativbedingungen in mancher Beziehung durchaus auf die Anlaufzeit zugeschnitten sind und für den Gleichgewichtszustand nicht mehr passen werden. Überhaupt aber sind, wie es bei einer so jungen Bewegung selbstverständlich ist, die Dinge noch viel zu sehr im Fluß, um heute ein für alle Zeiten passendes System aufstellen zu können, und eine Bausparkasse, die sich gegen Änderungen sträuben würde, würde damit jeden Fortschritt, zum Schaden der Bausparer, ausschalten.

Jede Änderung des Geschäftsplans, also auch der einen Bestandteil desselben bildenden allgemeinen Spar- und Darlehnsbedingungen, bedarf vor ihrer Inkraftsetzung der Genehmigung der Aufsichtsbehörde (§ 13). Unter fernerer Berücksichtigung der obigen Darlegungen wird man daher die Zweckmäßigkeit eingeführter Änderungen unterstellen können, und es darf dem Bausparer empfohlen werden, ihnen möglichst wenig Schwierigkeiten in den Weg zu legen.

Mit dieser Erwägung ist aber die Rechtsfrage nicht entschieden. Sie zerfällt in zwei Teile, nämlich einmal die Wirkung auf bestehende Verträge, zum andern die indirekte Wirkung, die sich daraus ergeben kann, daß die bisherige Gruppe nicht mehr in der vorgesehenen Weise weitergeführt wird. Der erste Teil der Frage beantwortet sich dadurch, daß privatrechtlich die von jemandem durch Vertrag erworbenen Rechte ohne seine Zustimmung nicht verändert werden können. An diesem Grundsatz wird auch nichts durch die Genehmigung der Aufsichtsbehörde geändert, da sie nur verwaltungsrechtliche Bedeutung hat. Er gilt, wie schon in anderem Zusammenhang erwähnt,[70]) auch für die Genossenschaftsform: die gültig erworbenen Vertragsrechte können nicht durch Beschluß der Mitgliederversammlung aufgehoben oder beeinträchtigt werden.

Manche Bausparkassen haben nun voraussehend in ihre Bedingungen eine Klausel etwa der Art eingefügt, daß mit Genehmigung der Aufsichtsbehörde die allgemeinen Spar- und Darlehnsbedingungen auch mit Wirksamkeit für bestehende Verträge geändert werden können. Die Rechtsgültigkeit solcher Klausel kann Zweifeln unterliegen, und das Aufsichtsamt scheint diese Zweifel zu teilen, denn es lehnt in den Normativbedingungen die Generalklausel ab und gibt nur bei einigen Bestimmungen eine Spezialklausel, freilich zum Teil gerade bei solchen, deren Änderung die Rechte der alten Bausparer weitgehend beeinflussen kann. Ich halte diese Zweifel nicht für begründet: Die ungehemmte Möglichkeit für eine Vertragspartei, nach ihrem Belieben Vertragsänderungen vorzunehmen, würde allerdings

[70]) Seite 21.

dem Rechtsverhältnis jede Grundlage nehmen und daher wohl als ungültig anzusehen sein, durch die Genehmigungspflicht wird aber gewährleistet, daß die Vertragsgrundlagen unangetastet bleiben und nur insoweit Änderungen eingeführt werden, als sie mit den Belangen der anderen Vertragspartei vereinbar sind. Das braucht an sich selbst bei einer an sich vernünftigen Neuregelung nicht unbedingt der Fall zu sein, und deswegen dürfte sich empfehlen, die Klausel so zu fassen, daß die Aufsichtsbehörde die Wahl hat, ob sie eine Änderung nur für zukünftige oder auch mit Wirkung für bestehende Verträge genehmigen will.

Abgesehen von Nebenpunkten geringerer Bedeutung wird es sich praktisch um eine Erhöhung der Leistungen des Bausparers oder um eine Änderung des Zuteilungssystems handeln. Ist die erstere notwendig, so sollten die Bausparer um so weniger Schwierigkeiten machen, weil sonst eine zwangsweise Herabsetzung der Leistungen der Bausparkasse, wenn nicht gar Konkurseröffnung unvermeidlich sein wird. Heikler ist schon eine Änderung des Zuteilungssystems, durch die jedenfalls ein Teil der Bausparer gegenüber dem bisherigen Zustand benachteiligt wird. Aber auch hier wird man sich zwingenden Notwendigkeiten zu beugen haben, und das erkennen, wie gesagt, auch die Normativbedingungen an, indem sie die einschneidende Maßnahme der Einführung von Gruppen für zulässig erklären.

Nun ist aber weiter zu berücksichtigen, daß jede Systemänderung die Aussichten der alten Bausparer beeinflussen kann, auch wenn sie nur mit Wirkung für künftige Verträge eingeführt wird, und hier liegt nun der eigentliche Schwerpunkt des Problems. Gehen wir wieder davon aus, daß die von dem Bausparer erworbenen Vertragsrechte nicht einseitig abgeändert werden können, so werden wir also weiter zu untersuchen haben, worin diese Rechte bestehen; hier kommt uns wieder der Begriff der Verwaltungs- oder Chancenverschaffungspflicht zu Hülfe.

Jedem Bausparvertrag wohnt eine gewisse Zuteilungschance inne, die zwar nicht ausdrücklicher Vertragsinhalt, aber doch für die Entschließungen des Bausparers von Bedeutung gewesen ist und auf deren möglichste Begünstigung abseiten der Bausparkasse er nach den Ausführungen im vorhergehenden Abschnitt einen Rechtsanspruch hat.

Am ausgeprägtesten ist der Chancenbegriff beim Verlosungssystem, nicht anders letzten Endes als bei jeder Lotterie. Das System beruht auf einem festen Verlosungsplan, welcher die Gesamtleistungen der Bausparer den Gesamtleistungen der Bausparkasse gegenüberstellen muß. Die Aufstellung eines solchen Planes erfordert also einerseits das Vorhandensein einer bestimmten Teilnehmerzahl, andererseits, wenn sie erreicht ist, die Schließung der Gruppe, damit nicht durch Hinzutreten neuer Teilnehmer die Chancen verwässert werden können. Ist die notwendige Teilnehmerzahl erreicht, so ist der Zugang neuer Teilnehmer zu dieser Gruppe weder nötig noch überhaupt möglich.

Der Übergang zu einem anderen System würde also in die vorgesehene Abwicklung der bisherigen, geschlossenen Gruppen nicht eingreifen. Ebenso ist es aber offensichtlich bei jedem anderen System geschlossener Gruppen, vorausgesetzt, daß die Änderung des Systems zu einem Zeitpunkt in Kraft tritt, zu welchem gerade eine Gruppe geschlossen wird.

Anders liegen die Dinge beim offenen Sparerkreis, weil hier die Chancen auf der Voraussetzung regelmäßigen Zugangs beruhen. Freilich sind sie in dieser Weise nicht zugesichert, die Bausparkasse übernimmt keine Gewähr dafür, daß der als Regel unterstellte normale Fortgang des Geschäftsbetriebes tatsächlich eintritt. Sie ist nicht dafür verantwortlich, wenn infolge schlechter Konjunktur oder sonstiger äußerer Ereignisse ohne Verletzung der Verwaltungspflicht der Zustrom nachläßt oder ganz versiegt und hierdurch die erhofften Wartezeiten sich verlängern. Aber die Bausparkasse ist kraft ihrer Verwaltungspflicht gehalten, die Gemeinschaft in der Art, wie der Bausparer sich ihr angeschlossen hat, fortzuführen, und darf nicht durch eigene Maßnahmen die Chancen verschlechtern. Ich halte es daher beispielsweise für vertragswidrig, wenn eine Bausparkasse mit Einführung eines neuen Zuteilungssystems die bisherige offene Gruppe schließt, wodurch die Wartezeiten wenigstens eines Teils der noch nicht zur Zuteilung gelangten alten Bausparer sich notwendig verlängern.

Wenn auch darauf hingewiesen werden muß, daß es sich bei vorstehenden Ausführungen nicht um unbestrittene Dinge, sondern wesentlich um eigene Untersuchungen des Verfassers handelt[71], scheint es doch angebracht, die Gefahren zu bannen, die, ihre Richtigkeit vorausgesetzt, der Bausparkasse entstehen können. Soweit gegen die Einführung der weitgehenden Generalklausel für Änderung der Bedingungen Bedenken bestehen, sollte daher in die allgemeinen Spar- und Darlehnsbedingungen wenigstens eine Klausel in dem Sinne aufgenommen werden, daß der Bausparer auf die unveränderte Fortführung der Gruppe keinen Anspruch hat.

f) Ansprüche wegen Nichterfüllung der Vertragspflichten.

Welche Rechte ergeben sich nun für den einen Vertragsteil, wenn der andere seine Vertragspflichten, wie wir sie in den vorgehenden Abschnitten dargestellt haben, nicht erfüllt? Die Beantwortung dieser Frage beruht auf der Erkenntnis, daß der Bausparvertrag ein gegenseitiger Vertrag ist[72], auf den folgeweise die §§ 320 ff. BGB. anzuwenden sind. Aus ihnen ergibt sich

---

[71]) Möller, HGZ. kommt zu abweichenden Ergebnissen.

[72]) Die schon mehrfach kritisierte Zerreißung des Vertrages in den Normativbedingungen läßt es mehr als zweifelhaft erscheinen, ob noch von einem gegenseitigen Vertrag gesprochen werden kann. Damit geraten alle Ergebnisse der obigen Darstellung ins Wanken.

1. Schadensersatz oder Rücktritt bei vom Vertragsgegner verschuldeter Unmöglichkeit der Erfüllung,
2. Leistungsfreiheit und Anspruch auf Rückgewähr der bewirkten Leistungen (im Ergebnis also dem Rücktritt gleich) bei von keiner Seite zu vertretender Unmöglichkeit,
3. Vorleistungseinrede bei Vermögensverschlechterung des anderen Teils,
4. Schadensersatz oder Rücktritt nach Fristsetzung bei Verzug des anderen Teils.

Wir untersuchen zunächst den Fall der Nichterfüllung durch den Bausparer. Seine Pflichten während der Sparzeit bestehen ausschließlich in der Zahlung der vereinbarten Beträge. Die Rechtsfolgen eines Verzuges sollen in den allgemeinen Spar- und Darlehnsbedingungen dargestellt sein (§ 118 Ziff. 1). Kraft allgemeiner Rechtsgrundsätze ergibt sich zunächst aus dem Begriff der Sparpflicht, daß die Bausparkasse im Verzugsfalle zur Einklagung der fälligen Sparraten und sonstigen Leistungen berechtigt ist, und daß sie ferner — auch wenn sie zinsfrei ist — Verzugszinsen, unter Umständen auch einen weiteren Schaden geltend machen kann. Sie kann außerdem dem säumigen Bausparer eine Nachfrist setzen und nach fruchtlosem Ablauf derselben vom Vertrage zurücktreten oder Schadensersatz beanspruchen. Zur Vermeidung größerer Unannehmlichkeiten ist daher dem Bausparer, der seinen Pflichten nicht mehr nachkommen kann, zu raten, sich sofort mit der Bausparkasse in Verbindung zu setzen und, wenn es sich nicht um nur vorübergehende Schwierigkeiten handelt, seinerseits den Vertrag zu kündigen, was jetzt wohl in allen Bedingungen zugelassen ist[73].

Als typische Besonderheiten des Bausparvertrags und für den Bausparer besonders wichtig sind aber die Folgen hervorzuheben, die der Verzug auf seine Zuteilungsberechtigung ausübt. Beim Listensystem erfährt er eine entsprechende Zurücksetzung in der Liste, beim Zeit-mal-Geld-System verschlechtert sich seine Bewertungsziffer; außerdem ist durchgängig in den Bedingungen bestimmt, daß der in Verzug befindliche Bausparer an Zuteilungen nicht teilnimmt.

Verzug setzt regelmäßig nicht nur die Fälligkeit der zu bewirkenden Leistung voraus, sondern außerdem eine Mahnung des Gläubigers. Ist jedoch, wie es beim Bausparvertrag die Regel ist, der Zeitpunkt der Leistungen kalendermäßig bestimmt, so bedarf es einer Mahnung nicht, vielmehr tritt Verzug von selbst ein, wenn am Fälligkeitstage nicht bezahlt wird. Verzug liegt nicht vor, wenn die Leistung infolge eines Umstandes unterbleibt, den der Schuldner nicht zu vertreten hat. Dieser Ausdruck ist aber nach der Terminologie des bürgerlichen Gesetzbuchs ziemlich eng zu verstehen; insbesondere entlastet subjektive Zahlungsunfähigkeit, beispielsweise infolge Arbeitslosigkeit, den Schuldner nicht.

---

[73]) Näheres über Kündigung Seite 61.

Nun ist ferner möglich, daß ein Bausparer seine Pflichten bis zur Zuteilung voll erfüllt, die Bausparkasse aber trotzdem mit Recht Bedenken hat, ihm ein Darlehen anzuvertrauen, weil er nicht kreditfähig erscheint. Hier ist zu unterscheiden: Ist seit Vertragsschluß eine wesentliche Verschlechterung seiner Verhältnisse eingetreten, so kann die Bausparkasse die Gewährung des Darlehns auf Grund der §§ 321, 610 BGB.[74]) verweigern; lag dagegen die Kreditunfähigkeit schon bei Abschluß des Vertrages vor, so kann die Auszahlung nicht verweigert werden, es sei denn, daß die Bausparkasse den Vertrag wegen Irrtums oder Täuschung anfechten kann[75]). Es empfiehlt sich daher eine Bestimmung in den allgemeinen Spar- und Darlehnsbedingungen, welche die Auszahlung von der Kreditfähigkeit zur Zeit der Darlehnsgewährung abhängig macht. Eine solche Bestimmung enthalten die Normativbedingungen, allerdings in reichlich unbestimmter Fassung, die mit den Belangen der Bausparer kaum vereinbar ist.

Die angeführten §§ 321, 610 BGB. geben nun umgekehrt auch dem Bausparer das Recht, seine Leistungen einzustellen, wenn in den Verhältnissen der Bausparkasse eine wesentliche Verschlechterung eingetreten ist. Hier muß allerdings die Frage, welche der beiden Bestimmungen anzuwenden ist, entschieden werden, weil § 321 nur zur Zurückhaltung der noch nicht bewirkten Leistungen berechtigt, § 610 aber zum Widerruf und damit auch zur Rückforderung der bereits bewirkten Sparleistungen. Mir scheint die für Darlehnsverträge gegebene Spezialbestimmung des § 610 besser zu passen und ihre Anwendung auch konstruktiv richtig zu sein, da die Sparpflicht rechtlich die Pflicht zur Hingabe von Darlehen abseiten des Bausparers an die Bausparkasse bedeutet[76]).

In einer bekannten Entscheidung hat nun das Amtsgericht Berlin-Mitte die Bausparer für berechtigt erklärt, ihre Leistungen so lange einzustellen, bis über die Zulassung der betreffenden Kasse entschieden sei. Die Entscheidung kann in dieser Allgemeinheit nicht gebilligt werden und ist auch mit dem Wortlaut der erwähnten Gesetzesbestimmungen nicht zu vereinbaren. Nur wenn besondere Umstände die Annahme rechtfertigen, daß die Zulassung nicht erfolgen werde, kann man dem Berliner Gericht folgen, während im übrigen die Möglichkeit der Nichtzulassung ein Risiko darstellt, das der Bausparer bei Vertragsschluß auf sich genommen hat. Das Urteil ist denn auch in der Berufungsinstanz aufgehoben worden.

Abgesehen hiervon ergibt sich für den Bausparer ein Rücktrittsrecht, wenn die Bausparkasse ihre Verwaltungspflicht nicht erfüllt. Insbesondere kann also meine Seite 55 f. vertretene Auffassung dazu führen, den Rücktritt zu gestatten, wenn durch Änderung der all-

[74]) Die theoretisch zweifelhafte Frage, welche der beiden Bestimmungen anzuwenden ist, ist praktisch hier bedeutungslos.

[75]) Hierüber siehe Seite 33.

[76]) Abweichend Möller, HGZ.

gemeinen Spar- und Darlehnsbedingungen eine Verschlechterung der Chancen eintritt. Dabei macht es keinen Unterschied, ob die Änderung freiwillig oder auf Anordnung der Aufsichtsbehörde erfolgt. Streng genommen würde der Bausparer sogar in erster Linie Erfüllung beanspruchen, das heißt durch seinen Widerspruch die Einführung der Änderung verhindern können. Dieser Erfüllungsanspruch wird allerdings durch die Genehmigung der Aufsichtsbehörde ausgeschaltet, so daß es praktisch beim Rücktrittsrecht verbleibt.

g) Kündigung des Vertrages.

Von der Seite 32 behandelten Anfechtung und dem vorstehenden Rücktritts- bzw. Widerrufsrecht abgesehen, liegt zunächst ein gewöhnliches Kündigungsrecht im Wesen des Bausparvertrags nicht begründet. Die gegenteilige Ansicht Möllers[77]) übersieht m. E., daß der Bausparer sich zur Erreichung eines gemeinsamen Ziels verbindet und, so wie er — durch die Bausparkasse als Mittler — die Hilfe anderer in Anspruch nehmen will, sich auch verpflichtet, sein Spargeld ihnen zur Verfügung zu stellen. Der auf ein besonderes Ziel abgestellte Vertrag kann eben mangels besonderer Bestimmung vor Erreichung des Ziels nicht gekündigt werden. Dem Bausparer steht also ein Kündigungsrecht nur zu, wenn es ihm in den allgemeinen Spar- und Darlehnsbedingungen ausdrücklich eingeräumt ist. Das ist nun freilich heute wohl allgemein der Fall, und es wird nur wenige ältere Verträge geben, die ein Kündigungsrecht nicht enthalten. Gemäß § 118 Ziff. 5 sollen die allgemeinen Spar- und Darlehnsbedingungen Bestimmungen darüber enthalten, ob und wie der Bausparvertrag gekündigt oder sonst ganz oder teilweise aufgehoben werden kann, und welche Verpflichtungen daraus dem Bausparer und der Bausparkasse erwachsen. Wenn diese Bestimmung nun auch nicht besagt, daß die Kündigung zugelassen werden muß, und wenn sogar aus dem mehrfach erwähnten Grunde, jede materiellrechtliche Regelung zu vermeiden, eine vom vorläufigen Reichswirtschaftsrat gewünschte Ergänzungsbestimmung, daß in Fällen besonderer, plötzlich eintretender Notlage ein Anspruch des Bausparers auf Auszahlung des Rückkaufwerts bestehen solle, in das Gesetz nicht aufgenommen ist, wird man doch sagen dürfen, daß Bedingungen, welche die Kündigung nicht gestatten, die Belange der Bausparer nicht hinreichend wahren. Denn es ist nicht zu übersehen, daß die von den weitaus meisten Kassen erforderten Mindestleistungen so gering sind, daß sie nach Beendigung der Anlaufzeit zu Wartezeiten führen müssen, welche das starre Festhalten am Vertrage nicht zumutbar erscheinen lassen, und nur wenige Interessenten würden überhaupt mit gutem Gewissen einen Bausparvertrag abschließen können, wenn sie nicht die Möglichkeit der Kündigung hätten. Gewiß soll der Bausparer vor Abschluß des Vertrages

[77]) Zentralblatt für Handelsrecht.

seine Verhältnisse prüfen und lieber den Abschluß unterlassen, wenn er von vornherein Zweifel an seiner Erfüllbarkeit hat. Es ist aber klar, daß auch im besten Fall mit einer Veränderung der Verhältnisse gerechnet werden muß, für die der Bausparer nicht verantwortlich ist, und dieser Möglichkeit haben auch bisher schon fast alle Bausparkassen durch Einräumung eines Kündigungsrechts Rechnung getragen.

Welches sind nun die Folgen der Kündigung? Das Vertragsverhältnis erreicht sein Ende, der Bausparer ist also nicht verpflichtet, weitere Einzahlungen zu bewirken, und er kann sein Sparguthaben zurückfordern. Soweit in seinen Zahlungen Verwaltungskosten stecken, verbleiben sie der Bausparkasse als Entgelt für die ausgeübte Verwaltungspflicht, eine weitere Einforderung kann den Umständen nach gerechtfertigt sein; das muß sich aus den allgemeinen Spar- und Darlehnsbedingungen ergeben. Die Normativbedingungen lassen bis zum Beginn der Sparleistungen einen Rücktritt gegen Zahlung eines Abstandgeldes in Höhe von einem Viertel der Abschlußgebühr zu, bei späterer Kündigung sind Verwaltungskosten bis zur völligen Rückzahlung des Sparguthabens zu entrichten. Diese Rückzahlung kann nämlich, wenn auch im übrigen die Kündigung sofort wirksam sein kann, nicht alsbald erfolgen, weil das mit den Interessen der Bausparergemeinschaft nicht vereinbar und auch gar nicht möglich ist. Alle Spargelder dienen einem einzigen Zweck, sie sollen in Bauten angelegt werden, und zwar langfristig mit allmählicher Tilgung. Theoretisch hat eine Bausparkasse überhaupt keine flüssigen Mittel, sondern nur Tilgungshypotheken[78]). Hieraus ergibt sich, daß dem Bausparer unmöglich das Recht eingeräumt werden kann, im Falle der Kündigung sein Spargeld sofort zurückzuerhalten. In Erkenntnis dieser Sachlage pflegen die Bausparkassen ein Kündigungsrecht mit zeitlich beschränktem Auszahlungsanspruch zu gewähren, indem die Auszahlung entweder erst nach einer bestimmten Zeit oder nach Maßgabe der vorhandenen Mittel oder im Verhältnis zu denselben oder in Form einer Zeitrente gewährt wird. Die letztere Lösung ist in den Normativbedingungen enthalten, nur kleinere Beträge können sofort ausgezahlt werden.

h) Übertragung, Abtretung und Verpfändung.

Die Nachteile, die der zur Kündigung genötigte Bausparer erleidet, lassen sich nun praktisch vermeiden, wenn er statt dessen den Weg

---

[78]) Praktisch wird, da Zuteilungen nicht jeden Tag stattfinden können, sowie wegen des zwischen Zuteilung und Auszahlung liegenden Zeitraums das Vorhandensein eines größeren flüssigen Fonds unvermeidlich. Er wird in normalen Zeiten die erforderlichen Rückzahlungen regelmäßig ermöglichen. Die Tatsache, daß jede Rückzahlung die Zuteilungsmasse schmälert, bleibt natürlich bestehen. Doch wird neuerdings von beachtlicher Seite darauf hingewiesen, daß erleichterte Rückzahlungsbedingungen der Bausparkasse Kunden bringen, die ihr Geld zur Verfügung stellen, ohne selbst jemals ein Darlehen in Anspruch zu nehmen.

wählt, seinen Vertrag auf einen neuen Interessenten zu übertragen. Jeder Vertrag, auf den Einzahlungen geleistet sind, hat ja einen gewissen Zeitwert, und die Praxis zeigt, daß solche Verträge regelmäßig ohne Verlust verkauft werden können. Die Übertragbarkeit des Vertrages ist daher mindestens ebenso wichtig wie das Kündigungsrecht.

Auch sie ist nun beim Bausparvertrag nicht ohne weiteres gegeben. Zunächst soll ja der Erwerber nicht nur Rechte, sondern auch Pflichten übernehmen, und es braucht sich niemand an Stelle des ursprünglich von ihm gewollten Schuldners einen anderen aufdrängen lassen. Also schon die Tatsache, daß bei einer Übertragung des Vertrages auch die Pflichten übergehen müssen, läßt die Genehmigung der Bausparkasse notwendig erscheinen. Die Genehmigung kann entweder generell in den allgemeinen Spar- und Darlehnsbedingungen, die nach § 118 Ziff. 4 sich über die Abtretbarkeit der Ansprüche des Bausparers äußern sollen, enthalten sein oder für den Einzelfall gegeben werden. Unter Berücksichtigung der beiderseitigen Belange wird man es billigen, daß im allgemeinen die Bausparkassen die Übertragung des Vertrages von ihrer von Fall zu Fall zu erteilenden Genehmigung abhängig machen, die aber nur bei Vorliegen wichtiger Gründe versagt werden sollte.

Findet eine Übernahme statt, so tritt mit derselben der Übernehmende an die Stelle des bisherigen Bausparers. Er ist also nunmehr der Bausparkasse gegenüber Gläubiger des Sparguthabens, aber auch Schuldner der noch zu bewirkenden Spar- und sonstigen Leistungen geworden, er ist vor allem nunmehr der Zuteilungsanwärter, und zwar mit dem Range, der sich aus der Gesamtheit seiner Leistungen und der seines Rechtsvorgängers ergibt. Bezüglich der Leistungen des Bausparers wird man regelmäßig mangels anderweitiger Bestimmung als Willen der Parteien zu unterstellen haben, daß die Haftung des neuen Bausparers nicht gesamtverbindlich neben die des alten treten, sondern daß der alte vollkommen aus seiner Verbindlichkeit ausscheiden soll. Die Verrechnung zwischen dem alten und dem neuen Bausparer ist an sich deren Sache und geht die Bausparkasse nichts an, doch pflegen die meisten Bausparkassen stets gern solche Übertragungen zu vermitteln und auch bei der Abwicklung behilflich zu sein.

Eine Abtretung ist nun ferner in dem Sinne denkbar, daß der ursprüngliche Kunde Bausparer bleibt, also insbesondere seine Pflichten der Bausparkasse gegenüber weiter erfüllt, aber seine Ansprüche gegen die Bausparkasse an einen Dritten abtritt, so daß also bei Zuteilung die Auszahlung der Bausparsumme an diesen Dritten erfolgen soll. Auch hierzu bedarf es der Einwilligung der Bausparkasse, weil die Bausparsumme, auf die letzten Endes der Anspruch des Bausparers geht, sich aus dem Spargeld und dem von der Bausparkasse zu gewährenden Darlehen zusammensetzt und der Anspruch auf Gewährung eines Darlehns ohne Genehmigung der anderen

Vertragsseite nicht abgetreten werden kann. Auch für eine teilweise Abtretung, etwa in Höhe des Sparguthabens, muß m. E. dasselbe gelten, da der Anspruch auf die Bausparsumme nicht zerlegbar ist.

Die Normativbedingungen, die ja dem Bausparer einen Anspruch nicht auf die Bausparsumme, sondern auf das Darlehen zuerkennen, machen in konsequenter Durchführung dieser Konstruktion nur die Abtretung des Darlehnsanspruches genehmigungspflichtig, während „im übrigen" der Bausparer die Rechte aus dem Bausparvertrag frei abtreten und verpfänden kann. Diese Bestimmung scheint mir rechtlich verfehlt und praktisch schon deswegen bedenklich, weil doch regelmäßig die ganze Bausparsumme verbaut werden soll und durch anderweitige Verfügung über einen Teil derselben der Verwendungszweck gefährdet oder sogar unmöglich gemacht wird.

Meistens wird eine einseitige Abtretung der Rechte aus dem Bausparvertrag zwecks Sicherung eines Gläubigers des Bausparers vorkommen und dann wirtschaftlich, in der Regel auch rechtlich, eine Verpfändung darstellen. Der reguläre Fall einer solchen ist der, daß entweder der Bausparer sich das Geld für seine Einzahlungen geliehen oder daß er schon vor der Zuteilung mit fremdem Geld oder auf Kredit zu bauen angefangen hat. Auch wird die Gewährung von Zwischenkredit regelmäßig von der Abtretung der Ansprüche gegen die Bausparkasse abhängig gemacht werden, in diesem Falle wird die Abtretung der ganzen Bausparsumme erforderlich sein.

Durch die (zulässige) einseitige Abtretung der Rechte tritt bezüglich derselben der Rechtsnachfolger vollkommen an die Stelle des Bausparers. Es fragt sich, ob damit auch das Kündigungsrecht auf ihn übergeht. Diese Frage wird zu verneinen sein; wohl ist auch die Abtretung des Kündigungsrechts nicht unzulässig, aber sie wird dem Willen der Parteien nicht entsprechen, wenn sie nicht ausdrücklich vereinbart ist. Handelt es sich um die Sicherung eines gewöhnlichen Gläubigers, so nützt freilich diesem die Abtretung nichts, wenn er nicht bei Fälligkeit seiner Forderung sich in den Besitz des Sparguthabens setzen kann, und hierzu bedarf es der Kündigung. Es ist in solchen Fällen notwendig, die Frage, ob der Dritte kündigen darf und unter welchen Voraussetzungen er dazu berechtigt sein soll, genau festzulegen, und zwar nicht nur zwischen dem Bausparer und seinem Gläubiger, sondern auch der Bausparkasse gegenüber, da diese sonst an die interne Abmachung nicht gebunden ist. Es handelt sich hier, wie man sieht, um Dinge, die weniger in ihren rechtlichen Grundlagen als in ihrer tatsächlichen Durchführung nicht ganz einfach sind, so daß man im Zweifel die Hilfe eines Rechtskundigen in Anspruch nehmen sollte.

Ist der Bausparvertrag wirksam gekündigt, so besteht nur noch der einseitige Anspruch des Bausparers auf Rückzahlung seines Sparguthabens in Gemäßheit der Bedingungen; dieser Anspruch kann ohne Genehmigung der Bausparkasse abgetreten oder verpfändet werden, wenn nicht etwa die allgemeinen Spar- und Darlehnsbedingungen die Genehmigung verlangen.

Ebensowenig wie der Sparer kann auf der anderen Seite die Kasse ohne Genehmigung des Sparers die Verträge auf einen Dritten übertragen. Diese Rechtslage, die schon im Versicherungsrecht unangenehm empfunden wurde, hat jetzt zu einer neuen Bestimmung in § 14 geführt, die zunächst für Versicherungsverträge gilt, aber auch auf Bausparverträge anwendbar ist. Die Frage, wie diese Anwendbarkeit sich im einzelnen auswirkt, ist allerdings nicht unbestritten, und die Bestimmung soll daher zunächst im Wortlaut angeführt werden:

> „Jedes Übereinkommen, wodurch der Versicherungsbestand einer Unternehmung in seiner Gesamtheit oder in einzelnen Zweigen mit seinen Rücklagen und Entgeltüberträgen auf eine andere Unternehmung übertragen werden soll, bedarf der Genehmigung durch die Aufsichtsbehörden, die für die beteiligten Unternehmungen zuständig sind. ... Die Rechte und Pflichten der übertragenden Versicherungsunternehmung aus den Versicherungsverträgen gehen mit der Bestandsübertragung auf die übernehmende Versicherungsunternehmung über.
>
> Das Übereinkommen braucht nicht gerichtlich oder notarisch beurkundet zu werden; Schriftform genügt."

Unstreitig ist zunächst, daß diese Bestimmung privatrechtliche Bedeutung hat, dergestalt, daß der Übergang der Rechte und Pflichten aus den Verträgen sich automatisch vollzieht und der Kunde weder widersprechen noch vom Vertrage zurücktreten kann. Zu beachten ist dabei allerdings, daß wohl kaum zwei Bausparkassen die gleichen Bedingungen, insbesondere Zuteilungssysteme haben werden, und daß die Bestimmung des § 14 nicht den Übergang zu einem anderen System sanktioniert, der nach meiner Seite 60 entwickelten Auffassung dem Bausparer ein Rücktrittsrecht gibt.

Zweifelhaft ist einmal, ob auch der Übergang einzelner Gruppen möglich ist, was Berliner-Fromm[79]) verneint, und ferner, ob der Übergang auch die Darlehnsnehmer erfaßt, wenn, wie es in den Normativbedingungen geschieht, die Einheitlichkeit des Vertrages aufgehoben wird. An sich ist natürlich eine Übernahme der noch nicht zugeteilten Bausparer ohne gleichzeitige Übernahme der entsprechenden Deckung im Hypothekenbestand gar nicht denkbar. Wenn sich aber die letztere nicht von selbst vollzieht, sondern eines besonderen Aktes bedarf, so kann die Umschreibung im Grundbuch nicht auf Grund des Übernahmevertrages erfolgen, sondern bedarf für jeden einzelnen Posten eines besonderen Antrags. Ich halte aber diese Ansicht für ebenso unrichtig wie die, daß einzelne Gruppen nicht übertragen werden können, und schließe mich der Auffassung von Meier-

[79]) Seite 236.

v. Gruner[80]) an, die den Gesetzestext auf Bausparkassen in folgender Fassung anwenden:

> „Jedes Übereinkommen, wodurch der Vertragsbestand einer Bausparkasse in seiner Gesamtheit oder in einzelnen Sparergruppen mit seinen für die Zuteilung von Baudarlehen angesammelten und dem in dinglich gesicherten Baudarlehen angelegten Vermögen auf eine andere Bausparkasse übertragen werden soll, bedarf usw."

Entscheidend dürfte vor allem die Überlegung sein, daß das Gesetz die Unterscheidung von Bausparern und Darlehnsnehmern überhaupt nicht kennt, vielmehr den Kunden der Bausparkasse von Anfang des Vertrages bis zum letzten Augenblick als Bausparer bezeichnet[81]).

i) Pfändung der Rechte des Bausparers.

Soweit ein Anspruch übertragbar ist, unterliegt er auch der Pfändung durch einen Gläubiger des Anspruchsberechtigten. Die Pfandbarkeit kann nicht durch Vereinbarung zwischen den Vertragsparteien ausgeschlossen werden. Ausgeschlossen ist sie aber kraft Gesetzes, wenn die Leistung an einen anderen als den ursprünglichen Gläubiger nicht ohne Veränderung ihres Inhalts erfolgen kann. Daraus ergibt sich m. E., daß der Zuteilungsanspruch als solcher bzw. der Anspruch aus der Zuteilung der Pfändung nicht unterliegt, da er ja regelmäßig die Hingabe eines Darlehens mit umfaßt und der Anspruch auf Hergabe eines Darlehens unter die gedachte Bestimmung fällt. Eine Pfändung in dem Sinne, daß der pfändende Gläubiger an Stelle seines Schuldners den Bausparvertrag übernimmt, ist also nicht möglich. Das wird aber auch gar nicht seine Absicht sein, vielmehr wird es ihm darauf ankommen, zur Befriedigung seiner Forderung an das Sparguthaben heranzukommen, und das dürfte auf Grund der Erwägung möglich sein, daß der Bausparer selbst, wenn er zur Zuteilung kommt, an Stelle der Bausparsumme lediglich Auszahlung seines Sparguthabens fordern kann[82]). Wenn also ein Gläubiger pfändet und nach der Zuteilung sich mit dem Sparguthaben zufrieden zu geben erklärt, muß die Bausparkasse m. E. die Auszahlung an ihn leisten. Meist wird allerdings dies Recht für den Gläubiger recht problematisch sein, da nach einer Pfändung der Bausparer kaum weitere Einzahlungen leisten wird und infolgedessen auch nicht oder wenigstens nicht in absehbarer Zeit zur Zuteilung kommt.

Anders ist die Rechtslage aber, wenn — und wir haben gesehen, daß das wohl ausnahmslos der Fall ist — die Kündigung des Bauspar-

[80]) In diesem Werk sind die auf Bausparkassen bezüglichen Bestimmungen des VAG. in praktischer Weise zusammengestellt und erläutert.
[81]) Siehe auch Seite 82.
[82]) Begründung hierfür siehe Seite 68.

vertrags zugelassen ist. Dann dürfte es außer Zweifel stehen, daß der Gläubiger mit den anderen Rechten des Bausparers auch das Kündigungsrecht pfänden, nunmehr seinerseits kündigen und sich dadurch den Anspruch auf Auszahlung des Sparguthabens, selbstverständlich entsprechend den Bedingungen der Bausparkasse, beschaffen kann.

Hatte der Bausparer selbst bereits gekündigt, so unterliegt die Pfändbarkeit seines sich nunmehr auf das Sparguthaben beschränkenden Anspruchs keinem Zweifel.

k) Tod des Bausparers.

Der Tod des Bausparers hat rechtlich auf den Fortbestand des Bausparvertrags keinen Einfluß, die Rechtsnachfolger treten an Stelle des Verstorbenen in den Vertrag ein. Das kann zu Härten führen, da sie häufig nicht imstande sein werden, die Sparleistungen aufzubringen, zu denen sich der Verstorbene verpflichtet hatte, ja sogar der angesammelten Spargelder dringend bedürfen werden. Es erscheint daher angemessen, daß die allgemeinen Spar- und Darlehnsbedingungen den Erben ein besonderes Kündigungsrecht mit bevorzugten Auszahlungsfristen einräumen. Wo wie in den Normativbedingungen das nicht der Fall ist, steht ihnen selbstverständlich das gewöhnliche Kündigungsrecht ebenso zu, wie der Bausparer es gehabt hatte. Unter Umständen wird man auch ein Rücktrittsrecht daraus konstruieren können, daß der Vertrag mangels Kreditfähigkeit der Erben nicht mehr erfüllbar ist.

Der Abschluß einer Lebensversicherung in Verbindung mit dem Bausparvertrag erfolgt meistens in der Weise, daß die Versicherung einspringt, wenn der Bausparer n a c h der Zuteilung stirbt. Die Versicherung soll daher zusammenhängend bei Darstellung der Tilgungszeit behandelt werden[83]. Doch sei erwähnt, daß einige Bausparkassen auch Versicherungsschutz während der Sparzeit gewähren.

---

[83]) siehe Seite 74.

IV.

Die Tilgungszeit.

a) Übergang (Auszahlungszeit).

Wir haben gesehen, daß mit der Zuteilung (bzw. ihrer Annahme) der Bausparer das Recht auf Auszahlung der Bausparsumme erwirbt, daß aber die Auszahlung erst erfolgt, nachdem der Bausparer die der Sicherung des Darlehns dienenden Vorschriften erfüllt hat. Von der Zuteilung bis zur Auszahlung vergeht also eine gewisse, im Regelfall des Neubaus sich über mehrere Monate erstreckende Zeit, die ich Auszahlungszeit nenne. Sie bietet rechtlich manche interessante Frage.

Es wurde schon früher[84]) dargelegt, daß die Bausparkasse bei wesentlicher Verschlechterung in den Verhältnissen des Bausparers das Darlehnsversprechen widerrufen kann. Dies Widerrufsrecht besteht auch noch nach der Zuteilung, wenn die Vermögensverschlechterung entweder zur Zeit derselben noch nicht eingetreten war oder der Bausparkasse erst später bekannt wurde. Es besteht so lange, bis die vollständige Auszahlung erfolgt ist, während nach Beendigung der Auszahlung nur noch eine Anfechtung in Frage kommen kann. Macht die Bausparkasse von dem Widerrufsrecht Gebrauch, so ist sie selbstverständlich verpflichtet, das Sparguthaben sofort auszuzahlen, soweit das nicht schon geschehen ist. Ist schon mehr ausgezahlt, so kann der bereits ausgezahlte Teil des Darlehns sofort zurückgefordert werden.

Nach § 271 BGB. kann im Zweifel, das heißt, wenn nicht ausdrücklich das Gegenteil bestimmt oder den Umständen nach anzunehmen ist, der Schuldner einer Leistung, für welche eine Zeit bestimmt ist, dieselbe vorher bewirken. Dies gilt auch, wenn die Leistung verzinslich ist. Der Bausparer ist daher, wenn nicht ausdrücklich das Gegenteil bestimmt ist, berechtigt, schneller als planmäßig zu tilgen (was allgemein sogar erwünscht ist), und demgemäß auch das ganze Darlehen sofort zurückzuzahlen. Daraus ergibt sich, daß er auch von vornherein die Annahme des Darlehens ablehnen und demnach nach der Zuteilung anstatt der Bausparsumme lediglich Rückgewähr seines Sparguthabens beanspruchen kann. Dies Recht steht ihm also auch dann zu, wenn die allgemeinen Spar- und Darlehnsbedingungen es nicht ausdrücklich enthalten. Es besteht so lange, als die Auszahlungen der Bausparkasse die Höhe des Sparguthabens noch nicht überschritten haben.

---

[84]) siehe Seite 60.

Demgemäß kann auch in diesem Stadium ein Gläubiger des Bausparers pfänden und sich in Besitz des Sparguthabens setzen. Ist aber dieser Teil der Bausparsumme bereits ausgezahlt, so ist die Pfändung unwirksam, da der Anspruch auf Darlehnsgewährung der Pfändung nicht unterworfen ist.

Eine Abtretung der Ansprüche des Bausparers gegen die Bausparkasse ist auch jetzt mit ihrer Genehmigung zulässig und wird praktisch nicht selten vorkommen, um Baugläubiger zu sichern. Auch eine vollkommene Vertragsübertragung ist, mit Genehmigung der Bausparkasse, noch während der Auszahlungszeit denkbar.

Für den Todesfall ist zu prüfen, bis zu welchem Zeitpunkt die allgemeinen Spar- und Darlehnsbedingungen eine besondere Kündigung zulassen und wann der etwa bestehende Versicherungsschutz einsetzt. Es ist zu fordern, daß das so zeitig geschieht, daß die Versicherung den Todesfall wenigstens nach Beginn des Baues deckt. Besteht kein Versicherungsschutz und glauben die Hinterbliebenen, die Tilgungspflichten nicht erfüllen zu können, ist ihnen der Verkauf des Vertrages zu empfehlen, der nach der Zuteilung unschwer möglich sein wird.

b) Sicherung des Darlehns.

§ 118 Ziff. 3 schreibt für die allgemeinen Spar- und Darlehnsbedingungen Bestimmungen vor über die dingliche Sicherung der Baudarlehen. Es ist ja eine Selbstverständlichkeit, daß die Bausparkasse bei der Verwaltung der ihr von den Sparern anvertrauten Gelder höchste Vorsicht walten lassen und alle Sicherheits- und Kontrollmaßnahmen treffen muß, die geboten sind, um die Bausparkasse und damit die Bausparergesamtheit vor Schaden zu bewahren. Hierzu ist in erster Linie erforderlich, daß das Darlehen durch Eintragung einer Hypothek gesichert wird. Damit dieselbe ihren Zweck erfüllt, darf sie einen bestimmten Teil des Grundstückswerts nicht übersteigen (Beleihungsgrenze). Die Normativbedingungen setzen die Beleihungsgrenze auf 80 % des Grundstückwerts fest, doch kann man m. E. diese Frage überhaupt nicht generell beantworten. Es kommt vielmehr darauf an, ob es sich um ein Mietshaus oder ein Eigenheim, erst- oder zweitstellige, verzinsliche oder unverzinsliche Hypotheken handelt. Daß die im gewöhnlichen Verkehr übliche Grenze überschritten werden darf, ist in § 115 Abs. 2 ausdrücklich anerkannt. Der Wert des Grundstücks wird abseiten der Bausparkasse geprüft. Diese im Interesse der Gesamtheit notwendige Kontrolle kommt auch dem Bausparer selbst zugute, da er durch sie vor Übervorteilung bei Bau oder Erwerb seines Hauses geschützt wird.

Die Art der Hypothekenbestellung wird von den Bausparkassen nicht einheitlich gehandhabt. Einige lassen nicht eine Hypothek, sondern eine Grundschuld eintragen. Ein Grund ist hierfür nicht ersichtlich, der praktische Unterschied ist geringfügig. Die Hypothek kann als gewöhnliche, sogenannte Verkehrshypothek oder als Sicherungshypothek bestellt werden. Die letztere Form schützt den Bausparer vor der Möglichkeit eines Mißbrauchs, da trotz der Eintragung die Geltendmachung der Hypothek von dem Nachweis abhängig ist, daß und in welcher Höhe eine Forderung besteht. Wirtschaftlich gerechtfertigt ist sie aber nicht, und auch bei der gewöhnlichen Hypothek ist der Bausparer geschützt, sofern sie dem Vertrag entsprechend als Tilgungshypothek eingetragen wird, da in diesem Falle nach der herrschenden Ansicht der gute Glaube den Erwerber der Hypothek nur insoweit deckt, als sie nicht durch die vertraglichen Rückzahlungen getilgt sein müßte. Im übrigen ist es nicht praktisch, jede Tilgung einzeln im Grundbuch eintragen zu lassen, da dieselben in der Regel monatlich erfolgen und somit die erforderliche Summe von Eintragungen einen unnötigen Aufwand an Mühe und Kosten bedeuten würde. An sich kann der Bausparer das aber beanspruchen, und deswegen ist eine Beschränkung dieses Anspruchs in den allgemeinen Spar- und Darlehnsbedingungen zu empfehlen. Die Kosten der Hypothekenbestellung und -löschung hat der Bausparer als Schuldner zu tragen, das ist keine Besonderheit des Bausparvertrages. Regelmäßig wird die Hypothek wertbeständig verlangt, was im Interesse der Bausparergesamtheit erforderlich erscheint.

Die Eintragung erfolgt auf Grund einer besonderen von dem Bausparer auszustellenden Schuldurkunde, welche alle wesentlichen Darlehnsbedingungen, vor allem die Vereinbarungen über Verzinsung und Tilgung, enthalten sollte. Diese Urkunde ist nicht, wie die Normativbedingungen sie bezeichnen, ein besonderer Darlehnsvertrag, sondern gehört zur Ausführung eines Teils des einheitlichen Bausparvertrags.

Manche Bausparkassen, so auch die Normativbedingungen, lassen den Bausparer sich in der Schuldurkunde für den Fall, daß er mit seinen Verpflichtungen in Rückstand gerät, der sofortigen Zwangsvollstreckung unterwerfen. Auf Grund solcher von einem Notar beurkundeten Erklärung kann die Bausparkasse die Zwangsvollstreckung betreiben, ohne daß es der vorherigen Erwirkung eines Urteils bedarf. Die zum Beginn der Zwangsvollstreckung erforderliche Vollstreckungsklausel wird von dem Notar erteilt, und zwar ohne daß derselbe nachzuprüfen braucht, ob die Voraussetzungen der Fälligkeit gegeben sind. Eine Woche nach Zustellung der Ausfertigung an den Schuldner ist die Zwangsvollstreckung zulässig. Wird sie zu Unrecht betrieben, so kann der Schuldner sie durch Klage beim ordentlichen Gericht bekämpfen. Die Ausstellung solcher Urkunde hat also den Vorteil, daß Zeit und Kosten einer Klage vermieden werden können, ist aber, wenn einmal zu Unrecht vollstreckt wird, für den Schuldner gefährlich, weil sozusagen die Prozeßrollen vertauscht werden und vor der Nachprüfung durch das Gericht das größte Unheil angerichtet sein kann.

Nach den Normativbedingungen muß die Hypothek den Rang an erster Stelle haben. Bisher waren die Bedingungen der Bausparkassen in dieser Beziehung verschieden, die öffentlichen Bausparkassen z. B. geben keine Rangvorschriften, sondern halten im Gegenteil die Beschaffung des zweiten Geldes für ihr Hauptgeschäft, wobei sie freilich im Auge haben, den ersten Posten als gewöhnliche Hypothek selbst zu geben. Aber auch für die privaten Bausparkassen ist das Problem außerordentlich wichtig; begnügen sie sich mit der zweiten Stelle, so kann möglicherweise die Zusammenarbeit mit Hypothekenbanken ihnen eine erhebliche Ausdehnung des Geschäfts bringen. Die Gefahr liegt weniger in der allgemeinen Sicherheitsfrage, die durch entsprechende Festsetzung der Beleihungsgrenze gelöst werden kann, als vielmehr darin, daß im Falle einer Zwangsversteigerung die Bausparkasse gezwungen sein könnte, den vorhergehenden Posten bar auszuzahlen und somit Gelder der Zuteilungsmasse bestimmungswidrig zu verwenden. Diese Gefahr kann beseitigt werden durch eine Stillhalteverpflichtung des ersten Gläubigers, verbunden mit der Verpflichtung für den Bausparer, später auch diesen Posten durch einen Bausparvertrag abzulösen. Es ist zu hoffen, daß unter diesen Voraussetzungen die Beleihung an zweiter Stelle zugelassen wird. Wegen der kleinen Renten, die häufig auf Grundstücken ruhen, dürften sich praktisch keine Schwierigkeiten ergeben, doch ist ihre Berücksichtigung in den allgemeinen Spar- und Darlehnsbedingungen ratsam.

Ist der Wert des Objekts festgestellt und die Sicherheit eingetragen, so muß die Bausparkasse ferner noch kontrollieren, daß das Geld auch wirklich die bestimmungsgemäße Verwendung findet. Es müssen also z. B. im Regelfall des Hausbaus die Baufortschritte geprüft und die Bauten mit den eingereichten Zeichnungen verglichen werden. Vor allem aber muß dafür gesorgt werden, daß die Bausparsumme wirklich zur Bezahlung der Bauhandwerker oder sonstigen Bau- oder Hausgläubiger verwendet wird, weswegen im allgemeinen die Zahlungen nicht an den Bausparer selbst, sondern nach seiner Aufgabe an die Baugläubiger erfolgen. Einen direkten Anspruch gegen die Bausparkasse erwerben diese dritten Personen im Zweifel nicht, die Bausparsumme kann also nicht von deren Gläubigern gepfändet werden. Alle diese Dinge sind durchweg bei den Bausparkassen, auch in den Normativbedingungen, ziemlich gleich behandelt.

Sehr viel heikler ist die Sicherungsfrage bei den Zwecksparkassen. Auch sie können sich hypothekarische Sicherheit geben lassen, wenn nur der Vertragszweck keiner der in § 112 bezeichneten ist; aber die Fälle, in denen der Zwecksparer solche Sicherheit geben kann, werden nicht allzu häufig sein. Die Frage muß als heute noch nicht gelöst gelten[85]).

---

[85]) Vergl. Magnus, Die Sicherung der Zweckspardarlehen, Plötz 1932 Nr. 130.

c) Umfang der Haftung. Laufende Kontrolle.

Kraft der Hypothek haftet das Grundstück für die Forderung nebst etwaigen Zinsen[86]) und den Kosten einer Kündigung und der die Befriedigung aus dem Grundstück bezweckenden Rechtsverfolgung. Sie erstreckt sich in gewissem Umfang auf die Erzeugnisse, sonstigen Bestandteile und Zubehör des Grundstücks; wenn es vermietet oder verpachtet ist, auch auf die Miet- oder Pachtzinsforderungen[87]). Vor allem haftet für die Hypothek auch die Forderung aus einer Versicherung des Grundstücks oder anderer ihr unterliegender Gegenstände[88]). Für die Bausparkasse ist es daher wichtig, daß das Haus in baulich gutem Zustand bleibt und daß es ständig unter Feuerversicherungsschutz steht.

Grundsteuern und gewisse andere öffentliche Abgaben sind auch ohne Eintragung ins Grundbuch in der Zwangsversteigerung vor allen eingetragenen Rechten bevorrechtigt, Rückstände gefährden daher die Sicherheit der Hypothek. Deshalb muß sich die Kontrolle der Bausparkasse auch darauf erstrecken, daß solche Rückstände nicht vorhanden sind. Ebenso müssen die Zinszahlungen auf etwa vorgehende Hypotheken kontrolliert werden.

d) Tilgung des Darlehns.

Nach beendeter Auszahlung der Bausparsumme beginnt die Darlehnszeit, während der der Bausparer denjenigen Teil der Bausparsumme, der ein Darlehen darstellt, allmählich zu tilgen hat. Höhe und Fälligkeit der dem Bausparer obliegenden Leistungen sollen die allgemeinen Spar- und Darlehnsbedingungen ergeben (§ 118 Ziff. 1). Dazu gehört auch die genaue Festsetzung des Zeitpunktes, zu dem die Tilgung beginnen soll. Spar- und Tilgungsleistungen müssen unmittelbar aneinander anschließen, wenn das System funktionieren soll, es müssen also auch während der Auszahlungszeit vom Bausparer Raten entrichtet werden. Sind, wie es meist der Fall ist, die Tilgungsraten höher als die Sparraten, so sollte die Tilgung erst beginnen, nachdem die Auszahlung beendet ist.

Solange der Bausparer seinen Zahlungspflichten an Tilgungsraten und eventuellen Nebenleistungen, insbesondere Zinsen, nachkommt, muß das Darlehen nach den allgemeinen Spar- und Darlehnsbedingungen unkündbar sein. Die Folgen eines Verzuges sollen ebenso wie für die Sparzeit aus den allgemeinen Spar- und Darlehnsbedingungen hervorgehen. Nach diesen tritt die sofortige Fälligkeit des ganzen Restbetrages ein, wenn der Bausparer mit seinen Zahlungen in Verzug gerät oder auch die sonstigen Sicherungsbedingungen vernachlässigt.

---

[86]) Nicht für die Ausgleichsbeträge, doch pflegt man diese in die Darlehnsforderung miteinzurechnen.
[87]) BGB. §§ 1118—1126.
[88]) BGB. §§ 1127—1130.

Die Normativbedingungen, deren Darlehnsbedingungen überhaupt von einer ungewöhnlichen Schärfe sind, gestatten schon bei Rückstand mit einer Rate der Bausparkasse, den ganzen Betrag einzufordern. Es entspricht der Billigkeit, daß erst längerer Verzug diese verhängnisvolle Folge nach sich zieht. Daß bei unverschuldetem Rückstand die Bausparkasse Nachsicht zu üben berechtigt ist, ist Seite 55 dargelegt.

Ist nicht ausdrücklich das Gegenteil bestimmt, so hat der Bausparer das Recht, vorzeitig zu tilgen, auch wenn das Darlehen verzinslich ist. Sind die Zinsen nicht zahlenmäßig ausgeworfen, sondern in die Tilgungsraten eingerechnet, so wird man genaue Angaben wenigstens im Geschäftsplan fordern müssen, welche der Berechnung erhöhter Tilgungsleistungen zugrunde zu legen sind.

e) Abtretung der Darlehnsforderung.

Mit der vollständigen Auszahlung der Bausparsumme hat die Bausparkasse ihre Pflichten dem Bausparer gegenüber vollständig erfüllt, es verbleibt nur noch die einseitige Verpflichtung des Bausparers zur Tilgung des Darlehns. Den ihr hieraus zustehenden Anspruch kann die Bausparkasse ohne Genehmigung oder sonstige Mitwirkung des Bausparers an eine dritte Person abtreten. Hypothek und Forderung sind dabei untrennbar, die Hypothek kann nicht ohne die Forderung, die Forderung nicht ohne die Hypothek abgetreten werden. Ist nicht eine Hypothek, sondern eine Grundschuld bestellt, so kann allerdings mangels Zusammenhanges zwischen Grundschuld und persönlicher Schuld eine getrennte Verfügung vorgenommen werden. Die Stellung des Bausparers wird durch die Abtretung, abgesehen davon, daß er jetzt an den neuen Gläubiger zu leisten hat, nicht verändert. Die praktische Bedeutung der Abtretbarkeit liegt in der Möglichkeit für die Bausparkasse, durch Verpfändung ihres Hypothekenbestandes sich Fremdgeld zu beschaffen[89]).

f) Veräußerung des Hauses.

Umgekehrt besteht auch für den Bausparer die Möglichkeit, durch Verkauf des mit der Bausparkassenhypothek belasteten Hauses aus dem Vertrag auszuscheiden. An sich ist die Veräußerung eines mit Hypotheken belasteten Hauses natürlich zulässig; andererseits braucht kein Gläubiger sich den Eintritt eines neuen Schuldners an Stelle des bisherigen gefallen zu lassen, die Schuldübernahme ist also von seiner Genehmigung abhängig. Zur Erleichterung des Grundstückverkehrs bestimmt nun § 416 BGB., daß wenn der Veräußerer dem Gläubiger die Schuldübernahme mitteilt, dieselbe als genehmigt gilt, es sei denn, daß der Gläubiger innerhalb sechs Monaten die Genehmigung ver-

[89]) Vergl. Seite 38/39.

weigert. Die Mitteilung ist also notwendige Voraussetzung für die Genehmigung der Schuldübernahme. Erfolgt sie nicht oder verweigert der Gläubiger die Genehmigung, so haftet das Grundstück nach wie vor, persönlicher Schuldner wird aber nicht der Erwerber, sondern bleibt der Verkäufer.

Der Eintritt einer anderen Person in das Schuldverhältnis kann eine Verschlechterung der Forderung bedeuten. Es ist daher verständlich, wenn viele Bausparkassen den Hausverkauf von ihrer Genehmigung abhängig machen, sogar mit der Folge, daß ein nicht genehmigter Verkauf die sofortige Fälligkeit der Restforderung nach sich zieht. Wer also sein von der Bausparkasse beliehenes Haus vor Tilgung des Darlehns zu veräußern beabsichtigt, sehe vorher in den allgemeinen Spar- und Darlehnsbedingungen die hierfür getroffenen Bestimmungen nach und setze sich vor Abschluß des Verkaufs mit der Bausparkasse in Verbindung, zumal er ihr ja doch Mitteilung machen muß, um seine Befreiung von der persönlichen Schuld herbeizuführen.

g) Tod des Bausparers und Versicherung.

Stirbt der Bausparer während der Darlehnszeit, so fragt sich zunächst, wer von mehreren Erben das mit den Pflichten aus dem Bausparvertrag belastete Haus erwirbt. In dieser Hinsicht kann die Bausparkasse keine Vorschriften machen oder Vereinbarungen treffen. Höchstens kann sie bestimmen, daß mehrere Miterben verpflichtet sein sollen, einen gemeinsamen Vertreter zu bestellen, der ihr gegenüber legitimiert ist. Im übrigen ist es Sache des Bausparers, wenn er eine von der gesetzlichen abweichende Regelung des Erbrechts wünscht, rechtzeitig testamentarisch Vorsorge zu treffen, wie ja eine frühzeitige Verfügung für den Todesfall überhaupt nicht dringend genug empfohlen werden kann.

Die meisten Bausparkassen haben nun neuerdings einen Versicherungsschutz eingeführt, welcher in der Weise arbeitet, daß beim Tode des Bausparers während der Tilgungszeit die Versicherungsgesellschaft die Bezahlung des restlichen Darlehns an die Bausparkasse ganz oder teilweise übernimmt, so daß die Erben von den weiteren Tilgungsraten gänzlich oder in entsprechendem Umfang befreit sind. Es handelt sich hierbei also nicht um eine gewöhnliche Lebensversicherung, bei welcher die Auszahlung der Versicherungssumme in jedem Falle, spätestens mit dem Tode des Versicherten, erfolgt, sondern um eine sogenannte Risikoversicherung, bei welcher eine Auszahlung nur stattfindet, wenn der Bausparer vor vollständiger Tilgung des Darlehns stirbt. Versicherungstechnisch ist dieser Geschäftszweig noch wenig übersichtlich, da, abgesehen von den auf Grund der bisherigen statistischen Unterlagen wohl zu erfassenden Berechnungsgrundlagen weder das Eintrittsalter noch die Länge der Versicherungszeit und die Höhe des Risikos feststellbar sind, denn alle diese Faktoren werden wesentlich von der Länge der Wartezeiten mitbestimmt. Die Prämien werden daher im allgemeinen nicht einheitlich berechnet, sondern nach dem Alter des Bausparers und der Höhe der Restschuld von Jahr zu Jahr neu festgesetzt. Da ersteres steigt, letztere aber in höherem Maße sinkt, ergibt sich ein zuerst langsames, dann schnelleres Sinken der Prämien von Jahr zu Jahr. Die üblichen Prämien scheinen mir heute noch ziemlich hoch zu sein, und das rechtfertigt, die Versicherung auf einen Teil der Restschuld, meist die Hälfte, zu beschränken, da andernfalls die Belastung des Bausparers zu hoch wird, andererseits diese Teilversicherung für den Normalfall auch ausreichend erscheint. Freiwillige Mehrversicherung ist dann meist zugelassen.

Einige Bausparkassen berechnen ihren Bausparern die Prämien zu einem Durchschnittssatz oder rechnen sie mit einem solchen Durchschnittssatz in die Zinsen oder Verwaltungskosten ein. Das erscheint nicht unbedenklich, da entweder die Bausparkasse hiermit einen Teil des Versicherungsrisikos auf sich selbst nimmt oder den Satz so hoch stellen muß, daß unter normalen Sterblichkeitsverhältnissen ein erheblicher Verdienst darinsteckt.

Teilweise wird der Versicherungsschutz auch auf die Sparzeit erstreckt, was natürlich eine weitere Erhöhung der Kosten zur Folge hat. Für welches dieser Systeme man sich entscheiden soll, kann wohl nur für den Einzelfall nach den individuellen Verhältnissen des Bausparers gesagt werden. Die Praxis lehrt jedenfalls, daß die überwiegenden Wünsche auf Versicherung nur während der Tilgungszeit gehen. Wichtig ist letzteren Falles, wann der Versicherungsschutz beginnt, was richtigerweise spätestens mit der ersten Auszahlung erfolgen sollte.

Darüber, ob auf die Bausparer eine Lebensversicherung genommen wird, sollen die allgemeinen Spar- und Darlehnsbedingungen Auskunft geben (§ 118 Ziff. 6).

Rechtlich ist über die Versicherung noch Folgendes zu bemerken: Sie ist eine sogenannte Kollektivversicherung, das heißt die Bausparkasse tätigt einen einheitlichen Vertrag mit der Versicherungsgesellschaft zugunsten der Bausparer. Bezüglich des einzelnen Bausparers bedarf es dann nur der Anmeldung und Zahlung der ersten Prämie, um den Versicherungsschutz für ihn zu sichern. Ärztliche Untersuchung wird im allgemeinen nicht gefordert. Die Bausparkasse ist Versicherungsnehmer, der Bausparer Versicherter, das bedeutet, daß Vertragsgegner auch bezüglich der Versicherung nur die Bausparkasse ist. Das Wesen der Kollektivversicherung erfordert Versicherungszwang für alle Bausparer, ausgenommen sind meist die in höherem Lebensalter stehenden. Ferner können diejenigen ausgenommen werden, die an Stelle der Risikoversicherung eine richtige Lebensversicherung mit der Vertragsgesellschaft abschließen.

Eine Darstellung des Versicherungsrechts kann natürlich im Rahmen dieser Schrift nicht erfolgen. Nur ein Punkt sei hervorgehoben, daß nämlich bei Nichtzahlung der Prämie der Versicherungsschutz unterbrochen wird. Allerdings knüpft das Gesetz den Eintritt dieser schwerwiegenden Folge an die Voraussetzung, daß dem Versicherungsnehmer von dem Versicherer durch eingeschriebenen Brief in besonders vorgeschriebener Weise eine Frist von mindestens zwei Wochen gesetzt wird. Es ist aber zu beachten, daß diese Formalität nur für das Verhältnis zwischen Versicherung und Bausparkasse gilt, während die Bausparkasse ihrerseits dem Bausparer gegenüber an besondere Vorschriften über Inverzugsetzung nicht gebunden ist.

V.

Konkurs und Verfahren zur Abwendung des Konkurses.

a) Konkurs des Bausparers.

Die Behandlung des Bausparvertrags im Konkurs ergibt sich aus der schon wiederholt getroffenen Feststellung, daß er ein einheitlicher gegenseitiger Vertrag ist; die Verpflichtungen des Bausparers aus demselben enden mit Zahlung der letzten Tilgungsrate, die der Bausparkasse mit der letzten Auszahlung. Durch Kündigung während der Sparzeit bewirkt der Sparer das Aufhören seiner weiteren Verpflichtungen, so daß in diesem Falle nur noch die Pflicht der Bausparkasse zur Rückzahlung des Sparguthabens besteht.

Über die Behandlung gegenseitiger Verträge im Konkurs bestimmt § 17 der Konkursordnung:

> „Wenn ein zweiseitiger Vertrag zur Zeit der Eröffnung des Konkursverfahrens von dem Gemeinschuldner und von dem anderen Teil nicht oder nicht vollständig erfüllt ist, so kann der Konkursverwalter an Stelle des Gemeinschuldners den Vertrag erfüllen und die Erfüllung von dem anderen Teil verlangen. Der Verwalter muß auf Erfordern des anderen Teils, auch wenn die Erfüllungszeit noch nicht eingetreten ist, demselben ohne Verzug erklären, ob er die Erfüllung verlangen will. Unterläßt er dies, so kann er auf der Erfüllung nicht bestehen."

Betrachten wir nun unter Zugrundelegung dieser Bestimmung die verschiedenen Zeitabschnitte des Bausparvertrags, so ergibt sich folgendes Bild:

1. Sparzeit.

Der Konkursverwalter hat das Wahlrecht, ob er den Vertrag erfüllen will oder nicht. Nur ganz ausnahmsweise kann man sich vorstellen, daß er die Erfüllung wählen könnte, im Regelfall wird er sie ablehnen. Hatte der Bausparer noch nichts eingezahlt, so ist damit der Vertrag beendet, andernfalls hat die Bausparkasse das Sparguthaben an die Konkursmasse zu zahlen.

Die Vorschrift des § 17 KO. ist zwingendes Recht und kann durch die allgemeinen Spar- und Darlehnsbedingungen nicht abgeändert werden. Wohl aber wird man annehmen können, daß für die aus der Ablehnung sich ergebende Rückzahlungspflicht die Kündigungsbestimmungen der Bausparkasse maßgebend sind und die Rückzahlung nicht sofort zu erfolgen hat, doch ist diese Frage zweifelhaft.

Der aus der Aufhebung des Vertrages sich etwa für die Bausparkasse ergebende Schaden ist gewöhnliche Konkursforderung, er kann gegen den Anspruch der Masse aufgerechnet werden[90]. Man kann unter dem Gesichtspunkt des Schadens der Kasse entgehende zukünftige Verwaltungskosten zubilligen, und es wird daher, wenn die Bedingungen die vorbehaltlose Kündigung zulassen, für den Konkursverwalter ratsamer sein, anstatt sich auf § 17 KO. zu berufen, von dem vertraglichen Kündigungsrecht Gebrauch zu machen.

Wählt der Konkursverwalter Erfüllung, so wird der Fall so gelagert sein, daß auch der Bausparkasse mit der Erfüllung gedient ist. Sie braucht sich aber nicht darauf einzulassen, sondern kann sich ihrerseits auf § 321 oder 610 BGB. berufen[91].

Hatte der Bausparer zur Zeit der Konkurseröffnung bereits gekündigt, so ist das Sparguthaben in Gemäßheit der Bedingungen zurückzuzahlen, selbstverständlich die während der Dauer des Konkursverfahrens fällig werdenden Raten an den Konkursverwalter.

2. Übergangszeit.

Die rechtliche Beurteilung ist dieselbe, insbesondere ändert die Zuteilung als solche an der Rechtslage nichts. In tatsächlicher Beziehung kann die Lage eine andere sein, wenn ein Teil der Bausparsumme bereits ausgezahlt ist. Gerade in diesem Fall ist es nicht unmöglich, daß der Konkursverwalter sich für Erfüllung entschließt, weil er dadurch vielleicht einen von anderer Seite drohenden größeren Schaden vermeiden kann. Das Widerrufsrecht der Bausparkasse besteht aber so lange, als nicht die volle Auszahlung erfolgt ist. Wegen der bereits ausgezahlten Darlehnsbeträge siehe Ziff. 3.

3. Tilgungszeit.

Die Forderung der Bausparkasse ist eine gewöhnliche Konkursforderung, gibt ihr aber auf Grund der dinglichen Sicherung ein Recht auf abgesonderte Befriedigung aus dem beliehenen Grundstück. Ein etwaiger Ausfall ist einfache Konkursforderung. Nicht nach dem Gesetz, wohl aber vielfach nach den allgemeinen Spar- und Darlehnsbedingungen führt Konkurseröffnung die sofortige Fälligkeit der ganzen Restforderung herbei, so auch die Normativbedingungen.

b) Vergleichsverfahren des Bausparers.

1. Sparzeit.

Der Bausparvertrag wird als beiderseits noch nicht erfüllter Vertrag vom Vergleichsverfahren nicht betroffen. Der Vergleichsschuldner kann aber unter Umständen mit Genehmigung des Konkursgerichts die weitere Erfüllung ablehnen und damit denselben Zustand herbeiführen, wie er im Konkurs bei Ablehnung der Erfüllung durch

---

90) Vergl. Seite 80 Anm. 94.
91) Vergl. Seite 60.

den Konkursverwalter entsteht. Die Bausparkasse hat kein besonderes Aufhebungsrecht.

Praktisch wird unabhängig von den Bestimmungen der Vergleichsordnung die Lösung des Vertrages entweder durch den Bausparer im Wege der Kündigung oder durch die Bausparkasse im Wege des Widerrufs erfolgen.

2. Übergangszeit.

Die Rechtslage ist die gleiche.

3. Tilgungszeit.

Der Vertrag wird durch das Vergleichsverfahren nicht berührt, doch bestimmen die allgemeinen Spar- und Darlehnsbedingungen meist, so auch die Normativbedingungen, daß auch bei Eröffnung des Vergleichsverfahrens die Bausparkasse die ganze Restforderung sofort beanspruchen kann.

c) Konkurs der Bausparkasse.

Das Konkursverfahren über eine Bausparkasse wird nur auf Antrag der Aufsichtsbehörde eröffnet, andererseits kann der Antrag der Aufsichtsbehörde vom Konkursgericht nur abgelehnt werden, wenn eine zur Deckung der Kosten des Verfahrens ausreichende Masse nicht vorhanden ist (§ 88).

Wird das Konkursverfahren eröffnet, so gelten für die Abwicklung der Bausparverträge die Seite 77 entwickelten Grundsätze[92]). Der Konkursverwalter ist nicht verpflichtet, alle Verträge gleich zu behandeln, sondern kann nach reinen Zweckmäßigkeitserwägungen für einen Vertrag die Erfüllung, für einen anderen die Nichterfüllung wählen.

1. Sparzeit.

Nur der Konkursverwalter hat das Wahlrecht, nicht der Bausparer, der sich aber seinerseits auf § 321 oder 610 BGB. berufen kann, wenn der Konkursverwalter Erfüllung fordert. Gegen die Ablehnung der Erfüllung stehen dem Bausparer keine Einwendungen zu; sie führt zu einem Schadensersatzanspruch, der als gewöhnliche Konkursforderung anzumelden ist. Der Höhe nach entspricht der Schaden mindestens dem Sparguthaben, ob ein weiterer Schaden entstanden ist, ist Tatfrage. Die bezahlten Verwaltungskosten sind konsumiert, soweit die Bausparkasse ihre Verwaltungspflicht erfüllt hat, sind aber, da sie infolge der Konkurseröffnung vergeblich aufgewendet sind, als Schaden anzusehen[93]).

---

[92]) Siehe hierzu Berthmann, Bausparkassen im Konkurs. Deutsche Hausbesitzerzeitung 1932 Seite 498.

[93]) Anders im Versicherungsrecht, soweit der Versicherer die Gefahrtragungspflicht erfüllt hat. Möllers grundsätzliche Auffassung von der Chancenverschaffungspflicht der Bausparkasse könnte zu dem gleichen Resultat für den Bausparvertrag führen.

2. Übergangszeit.

Die Ablehnung der Erfüllung durch den Konkursverwalter ist besonders hart für den Bausparer, der schon einen Teil des Geldes erhalten hat und nun mitten im Bau stillgelegt wird. Trotzdem ist die Rechtslage die gleiche. Gerade in solchem Falle ist allerdings denkbar, daß der Konkursverwalter die Erfüllung wählt, wodurch er die Abwicklung des Konkurses kaum verlängern wird, der Masse aber erhebliche Schadensersatzansprüche ersparen kann. Hat der Bausparer bereits einen Teil des Darlehns erhalten, so muß er es in Gemäßheit der Tilgungsbedingungen an die Masse zurückzahlen, kann aber mit seinem Schadensanspruch dagegen aufrechnen[94]).

3. Tilgungszeit.

Der ausgezahlte Bausparer wird durch den Konkurs der Bausparkasse nur insoweit berührt, als er seine Leistungen nunmehr zu Händen des Konkursverwalters zu entrichten hat, aber nur nach Maßgabe der Bedingungen, es tritt also durch die Konkurseröffnung keine frühzeitige Fälligkeit ein.

Liegt die Verwaltung des Sparvermögens in den Händen eines Treuhänders, so daß dasselbe nicht Eigentum der Bausparkasse geworden ist, so scheidet es vollkommen aus dem Konkurs aus.

Aber nur wenn eine treuhänderische Verwaltung ausdrücklich eingerichtet ist, ist die Aussonderung des Sparvermögens im Konkurse möglich; Vorschläge beispielsweise vom Reichsverband deutscher Bausparkassen[95]), ein Sonderrecht im Konkurs zu statuieren, sind in das Gesetz nicht übernommen. Doch wird neuerdings die Auffassung vertreten, daß das Sparervermögen in jedem Falle Sondergut sei, und soll dem Vernehmen nach in einem Prozeß ausgetragen werden[95]).

d) Verfahren zur Abwendung des Konkurses einer Bausparkasse.

Ein Vergleichsverfahren zur Abwendung des Konkurses findet für Bausparkassen nicht statt (§ 120). Es soll eben lediglich die Aufsichtsbehörde bestimmen können, ob die Sanierung einer in Zahlungs-

---

[94]) Weil nämlich der Schadensersatzanspruch nicht erst nach Konkurseröffnung entsteht. Die Frage ist nicht unstreitig; vgl. Jäger, Kommentar zur Konkursordnung, 6. u. 7. Aufl., § 26, Anm. 19, Reichsgericht in der amtlichen Sammlung, Band 58 Seite 11, Leipziger Zeitschrift 1916 Seite 1191.

[95]) Wagelaar, Probleme im Entwurf des Bausparkassen-Gesetzes, Verlag des Reichsverbandes deutscher Bausparkassen e. V.

Ein solches Vor- oder Sonderrecht ist nicht ohne Vorgang. Es besteht im Versicherungsrecht nach § 77 VAG. Wenn trotz dieses Vorbildes und trotz der gegebenen Anregungen für die Bausparer ein Sonderrecht vom Gesetzgeber nicht gegeben wurde, halte ich die Versuche, das Bestehen desselben trotzdem aus dem Wesen des Verhältnisses zu konstruieren, für verfehlt. Ebenso Kisch, Konkursaussonderungsrecht der Bausparer? Deutsche Bausparkassen-Zeitung 1932 Nr. 15.

schwierigkeiten geratenen Bausparkasse ohne Konkurs möglich erscheint und wie dieselbe durchzuführen ist. Zu diesem Zwecke gibt das Gesetz in § 89 der Aufsichtsbehörde weitgehende Befugnisse. Die Auslegung dieser Bestimmung ist nicht zweifelsfrei, weil (ebenso wie wir es bei § 14 gesehen haben) der Wortlaut auf Versicherungsunternehmungen zugeschnitten ist und für Bausparkassen nicht allen Umfangs paßt. Er lautet wie folgt:

> „Ergibt sich bei Prüfung der Geschäftsführung und der Vermögenslage einer Unternehmung, daß diese für die Dauer nicht mehr imstande ist, ihre Verpflichtungen zu erfüllen, die Vermeidung des Konkurses aber zum Besten der Versicherten geboten erscheint, so kann die Aufsichtsbehörde das hierzu Erforderliche anordnen, auch die Vertreter der Unternehmung auffordern, binnen bestimmter Frist eine Änderung der Geschäftsgrundlagen oder sonst die Beseitigung der Mängel herbeizuführen. Alle Arten Zahlungen, besonders Versicherungsleistungen, Gewinnverteilungen und bei Lebensversicherungen der Rückkauf oder die Beleihung des Versicherungsscheins sowie Vorauszahlungen darauf, können zeitweilig verboten werden.
>
> Unter der Voraussetzung im Abs. 1 Satz 1 kann die Aufsichtsbehörde, wenn nötig, die Verpflichtungen einer Lebensversicherungsunternehmung aus ihren Versicherungen dem Vermögensstand entsprechend herabsetzen. Dabei werden zunächst die rechnungsmäßigen Deckungsrücklagen der einzelnen Versicherungen herabgesetzt und danach die Versicherungssummen neu festgestellt. Die Pflicht der Versicherungsnehmer, die Versicherungsentgelte in der bisherigen Höhe weiterzuzahlen, wird dadurch nicht berührt."

Liest man unbefangen diese Bestimmung, so ist zunächst zweifelhaft, ob auch der zweite Absatz, der eine Sondervorschrift für Lebensversicherungen enthält und auf andere Versicherungszweige nicht anwendbar ist[96]), auch auf Bausparkassen Bezug haben soll. Diese Frage ist aber zu bejahen; § 112 führt unter den für Bausparkassen geltenden Bestimmungen nicht nur den ersten Absatz, sondern den ganzen § 89 auf, und das ist nicht etwa ein redaktionelles Versehen, sondern es ist bei den Beratungen des Gesetzentwurfs die Frage der Anwendbarkeit des zweiten Absatzes ausdrücklich erörtert und bejaht worden[97]).

Würde die Vorschrift nur aus dem ersten Satz des Absatz 1 bestehen, so könnte die Meinung aufkommen, daß die Aufsichtsbehörde jede erdenkliche Maßregel treffen, also auch die Leistungen der Bausparkasse herabsetzen oder die Leistungen der Bausparer erhöhen

---

[96]) Berliner-Fromm Seite 574.
[97]) Meier-v. Gruner, § 89 Anm. 3.

kann. Dann wären die folgenden Sätze überflüssig. Daraus, daß sie besonders hinzugefügt sind, ergibt sich m. E. der Schluß, daß der erste Satz nur verwaltungsrechtliche Maßnahmen im Auge hat, daß aber Eingriffe in die Vertragsrechte nur in dem Umfang zulässig sein sollen, der sich aus Abs. 1 Satz 2 und Abs. 2 ergibt. Demnach sind nur folgende Eingriffe möglich:

1. eine Art Moratorium durch Verbot aller Arten Zahlungen, insbesondere auch Zuteilungen,
2. eine Herabsetzung der noch nicht ausgezahlten Bausparsummen.

Dagegen hat die Aufsichtsbehörde nicht die Möglichkeit, die Darlehnsnehmer zu schnelleren oder erhöhten Leistungen zu zwingen.

Es schien erforderlich, diese Feststellung zu treffen und eingehend zu begründen, weil der Kommentar von Berliner-Fromm[98]) die Frage zweifelhaft findet, obgleich auch er ausdrücklich betont[99]), daß die nach Abs. 1 zulässigen Anordnungen insoweit begrenzt sind, als es sich nicht um Eingriffe beliebiger Art ins Privatrecht handeln darf, und weil vor allem die Normativbedingungen offenbar die Möglichkeit befürchtet haben, daß man auch die Darlehnsnehmer heranziehen könnte, und aus diesem Grunde die Teilung des Vertrages vorgenommen haben.

Wie gesagt, ist die Befürchtung unbegründet. Wäre sie aber begründet, so würden die allgemeinen Spar- und Darlehnsbedingungen nichts daran ändern können, denn § 89 enthält zwingendes Recht, und wenn sich aus ihm ergäbe, daß alle Bausparer herangezogen werden könnten, so könnte an dieser Konsequenz des Gesetzes nichts dadurch geändert werden, daß man eine Kategorie von ihnen entgegen der Gesetzessprache nicht als Bausparer bezeichnet. Man kann nur immer wieder bedauern, daß hier die Furcht vor einem Phantom, das zudem auf dem eingeschlagenen Weg gar nicht zu beseitigen ist, zu einer unheilvollen Konstruktion geführt hat.

Durch Kapitel V § 3 der Notverordnung vom 14. Juni 1932 ist nun der Aufsichtsbehörde noch eine weitere wichtige Handhabe gegeben. Sie kann nämlich Terminszusagen aufheben, wenn dadurch die Vermeidung des Konkurses möglich erscheint. Mit Recht hat Bauer-Mengelberg[100]) darauf hingewiesen, daß praktisch dieser Bestimmung ziemlich enge Grenzen gezogen sind, weil dem betroffenen Bausparer aus der Aufhebung der Terminszusage ein Rücktrittsrecht entsteht und die Kassen, die durch solche Zusagen in Schwierigkeiten geraten sind, nur selten in der Lage sein werden, den sich aus dem Rücktritt ergebenden Rückzahlungspflichten zu genügen. Regelmäßig wird daher die Maßnahme mit einem Zahlungsverbot verbunden werden müssen.

---

98) Seite 655.
99) Seite 573.
100) J. W. 1932 Seite 1938.

Ob und in welcher Weise von den Möglichkeiten dieser Vorschriften Gebrauch gemacht wird, steht vollkommen im Ermessen der Aufsichtsbehörde, doch scheint die Tendenz seit einiger Zeit dahin zu gehen, in allen Fällen, wo noch Aussicht auf eine Sanierung besteht, vom Konkurs abzusehen.

e) Vergleichsverfahren einer Zwecksparkasse.

Die Rechtslage entspricht der Seite 78 geschilderten im Vergleichsverfahren des Bausparers. Da die Sparverträge vom Verfahren nicht betroffen werden, ist allerdings der Fall, daß eine Zwecksparkasse durch Vergleichsverfahren saniert werden könnte, schwer denkbar. Möglich ist natürlich die Durchführung eines außergerichtlichen Vergleichs, der aber die Zustimmung aller Gläubiger erfordert.

f) Verbot einer Bausparkasse.

Nach § 87 kann unter gewissen Voraussetzungen die Aufsichtsbehörde den Geschäftsbetrieb einer Bausparkasse untersagen. Als Folge hatte das Gesetz zunächst nur bestimmt, daß keine neuen Verträge abgeschlossen, früher abgeschlossene nicht erhöht oder verlängert werden dürfen. Hieraus wird man zunächst zu folgern haben, daß die bestehenden Verträge bedingungsgemäß weiter abzuwickeln sind, doch greift nunmehr auch hier die Notverordnung vom 14. Juni 1932 ein, indem sie der Aufsichtsbehörde gestattet, die sogenannte vereinfachte Abwicklung anzuordnen. Hierbei werden Sparbeträge nicht mehr bezahlt, aber auch keine Zuteilungen mehr vorgenommen, die eingehenden Tilgungsbeträge also zur Rückzahlung der Sparguthaben verwendet. Alle Bausparer werden nach Verhältnis ihrer Forderungen ohne Vorrang befriedigt, einschließlich derjenigen, die etwa bereits gekündigt hatten. Da von den Sparern Verwaltungskosten nicht mehr eingehen, sind die Abwicklungskosten von den jeweils vorhandenen flüssigen Mitteln vorher abzuziehen. Etwa rückständige Verwaltungsbeiträge können m. E. noch eingefordert werden.

Diese Anordnungen können auch bei Bausparkassen getroffen werden, denen schon vor Inkrafttreten der Notverordnung der Geschäftsbetrieb untersagt war.

VI.

Die Bausparkasse als Genossenschaft.

Es wurde bereits erwähnt[101]), daß der Bausparer, der mit einer als Genossenschaft betriebenen Bausparkasse abschließt, ihr als Mitglied beitreten muß. Die sich hieraus ergebende Rechtsstellung bedarf einer besonderen Erläuterung.

1. Die Mitgliedschaft braucht nicht gleichzeitig erworben zu werden, theoretisch überhaupt erst bei Zuteilung. Richtiger ist jedenfalls der gleichzeitige Erwerb der Mitgliedschaft, und das wird wohl auch von fast allen Bauspargenossenschaften vorgeschrieben. Wenn das nicht der Fall ist, hat der Bausparer auf Grund des Bausparvertrags einen rechtlichen Anspruch auf Aufnahme als Mitglied, sobald diese zwecks weiterer Ausführung des Bausparvertrags erforderlich wird. Vor Abschluß des Vertrages besteht so wenig ein Anspruch auf Mitgliedschaft wie auf Vertragsabschluß. Umgekehrt gewährt die etwa zuerst erworbene Mitgliedschaft einen Rechtsanspruch auf Abschluß eines Bausparvertrags, falls nicht in der Person des Mitglieds ein wichtiger Hinderungsgrund gegeben ist.

2. Zum Erwerb der Mitgliedschaft ist Zeichnung einer schriftlichen Beitrittserklärung erforderlich, und zwar in zwei Exemplaren, von denen die Genossenschaft das eine beim Genossenschaftsregister einreichen muß, worauf dort die Eintragung in die Liste der Genossen stattfindet. Erst durch die Eintragung entsteht die Mitgliedschaft.

3. Der Genosse muß einen oder mehrere Geschäftsanteile übernehmen und den hierfür festgesetzten Betrag einzahlen. Hierdurch wird das Betriebskapital der Genossenschaft gebildet. Die meisten Bauspargenossenschaften haben bisher die Höhe der Geschäftsanteile sehr niedrig gehalten und müssen sie jetzt erhöhen, um die Forderung nach einem ausreichenden Eigenkapital zu erfüllen. Die Geschäftsanteile müssen alle die gleiche Höhe haben; gleichwohl ist eine Abstufung dadurch zu erzielen, daß der Betrag des einzelnen Anteils verhältnismäßig niedrig festgesetzt wird und man die Bausparer verpflichtet, für höhere Verträge mehrere Geschäftsanteile zu übernehmen, beispielsweise für je RM 5000 Bausparsumme einen Geschäftsanteil. Dies Verfahren würde in Übereinstimmung mit der Tendenz stehen, alle Leistungen des Bausparers der Höhe seiner Bausparsumme anzupassen und damit eine gerechte Verteilung der Leistungen herbeizuführen. Für die Bausparer bedeutet die Erhöhung der Geschäftsanteile bei einer solchen Staffelung keinen Nachteil, da

[101]) Seite 21.

sie im Verhältnis zu den Bausparsummen alle Bausparer gleichmäßig belastet, der Bausparkasse Mittel zuführt, die ebenfalls in Hypotheken angelegt werden können, und somit eine Beschleunigung des Zuteilungsverfahrens mit sich bringen, endlich der Bausparer nach gänzlicher Abwicklung seines Vertrages aus der Genossenschaft wieder ausscheiden kann und alsdann das durch den eingezahlten Geschäftsanteil erworbene Geschäftsguthaben zurückerhält, so daß die Übernahme des Geschäftsanteils im endgültigen Ablauf des Bausparvertrags für ihn keine Erhöhung seiner Leistungen bedeutet.

Es zeigt sich hier wiederum, daß die Rechtsform der Genossenschaft für die Bausparkassen besonders geeignet ist, da sie eine automatische Anpassung des Eigenkapitals an den jeweiligen Geschäftsumfang erzielt.

Die Bedeutung dieses Eigenkapitals wird noch erhöht durch die gesetzliche Haftung, die jeder Genosse mit seinem Beitritt übernimmt. Sie kann nach dem Genossenschaftsgesetz beschränkt oder unbeschränkt sein, doch existieren meines Wissens Bauspargenossenschaften mit unbeschränkter Haftpflicht nicht. Die Höhe der Haftung muß sich aus der Satzung ergeben, sie muß mindestens der Höhe des Geschäftsanteils gleich sein. In Anspruch genommen wird die Haftung nur im Konkurs der Genossenschaft. Sie endet mit dem Ausscheiden des Genossen, es sei denn, daß die Genossenschaft innerhalb der folgenden sechs Monate in Konkurs gerät.

4. Verbindliche Willenserklärungen der Genossenschaft erfordern nach dem Gesetz die Mitwirkung, bei schriftlichen Willenserklärungen also die Unterschrift, von mindestens zwei Vorstandsmitgliedern. In der Praxis hat sich vielfach eingebürgert, daß ein Vorstandsmitglied oder Geschäftsführer zur alleinigen Abgabe verbindlicher Willenserklärungen bevollmächtigt wird. Die Rechtsprechung hält das für zulässig.

5. Der Genosse kann jederzeit durch Kündigung seinen Austritt aus der Genossenschaft herbeiführen. Die Kündigung ist nur auf Schluß eines Geschäftsjahres zulässig und muß eine Kündigungsfrist von drei Monaten einhalten. Durch die Satzung kann diese Frist verlängert werden, jedoch höchstens bis zu zwei Jahren. Über diese Frist hinaus kann also die Satzung die Kündigungsfrist nicht verlängern, und sie kann erst recht nicht die Kündigung überhaupt ausschließen. Hieraus ergibt sich für den Bausparer, der einer Bauspargenossenschaft angehört, eine unentziehbare Möglichkeit, seinen Bausparvertrag zur Auflösung zu bringen, auch wenn die allgemeinen Spar- und Darlehnsbedingungen eine Kündigung nicht zulassen sollten, denn mit dem Ausscheiden des Bausparers aus der Genossenschaft wird die Erfüllung des Bausparvertrags unmöglich. Die Rückzahlung des Sparguthabens erfolgt aber in Gemäßheit der Bedingungen.

6. Aus bestimmten Gründen, die in § 68 GenG. aufgeführt sind und durch die Satzung vermehrt werden können, kann ein Mitglied aus der Genossenschaft ausgeschlossen werden. Gegen den Ausschluß ist der Rechtsweg zulässig. Der Bausparvertrag braucht durch den Ausschluß nicht berührt zu werden.

7. Die Mitgliedschaft ist übertragbar. Die Satzung kann die Übertragung an besondere Voraussetzungen insbesondere die Genehmigung durch die Genossenschaft, knüpfen oder sogar ganz ausschließen. Bei Übertragung des Bausparvertrags empfiehlt sich die gleichzeitige Übertragung der Mitgliedschaft, weil hierdurch der alte Bausparer mit sofortiger Wirkung aus der Genossenschaft ausscheidet und auch sein Geschäftsguthaben sofort zurückerhält.

8. Dagegen ist die Mitgliedschaft nicht vererblich. Daher müssen die Erben eines verstorbenen Bausparers, wenn sie den Bausparvertrag fortsetzen wollen, von neuem der Genossenschaft als Mitglied beitreten. Eine weitere Aufwendung erfordert der Beitritt nicht, weil ja das Geschäftsguthaben des Verstorbenen ausgezahlt wird.

9. Zum Schlusse ist noch kurz darzulegen, in welcher Weise erforderlichenfalls die „Umbildung" der Bauspargenossenschaft in eine andere Rechtsform, wenn das Aufsichtsamt sie vorschreibt, erfolgen kann. Mangels besonderer gesetzlicher Vorschriften ist es nicht möglich, eine Genossenschaft in eine Aktiengesellschaft, Kommanditgesellschaft auf Aktien oder Gesellschaft mit beschränkter Haftung zu verwandeln, vielmehr kann man sich die Umbildung nur in der Weise denken, daß eine neue Gesellschaft in einer dieser Rechtsformen gebildet wird, welche die Aktiven und Passiven der bisherigen Genossenschaft übernimmt. Eine Beteiligung der Bausparer an dieser neuen Gesellschaft in irgendeiner Form ist denkbar.

Rechtlich findet derselbe Vorgang statt wie bei einer Fusion oder sonstigen Bestandsübertragung. Gemäß § 14 gehen die Rechte und Pflichten kraft Gesetzes auf das neue Unternehmen über[102]).

---

[102]) Vergl. Seite 65.

Anhang.

I. Verfügung des Reichsaufsichtsamts für Privatversicherung vom 15. Februar 1932.

I.

Das Reichsaufsichtsamt hat bei seiner bisherigen Aufsichtstätigkeit eine Reihe von Mißständen festgestellt. Im nachfolgenden sind nur Mißstände im Geschäftsbetrieb der Bausparkassen angeführt; die von uns bisher beobachteten, häufig wiederkehrenden Mängel der Geschäftspläne werden wir gesondert behandeln. Die nachfolgende Aufstellung ist auch keineswegs als erschöpfend zu betrachten. Zunächst konnte nur eine Anzahl besonders wichtig erscheinender Punkte herausgegriffen werden.

1. Vielfach werden von Bausparkassen Personen zum Abschluß von Bausparverträgen veranlaßt, die weder willens noch in der Lage sind, die übernommene Sparverpflichtung auf die Dauer durchzuführen, sondern denen es nur darauf ankommt, sobald wie möglich ein Darlehen zu erhalten. Nach kurzer Zeit stellt sich heraus, daß diese Sparer den Bausparvertrag nicht einhalten können und ihn kündigen; die Bausparkasse macht dann den ihr nach vielen Geschäftsbedingungen zustehenden Anspruch auf Zahlung des oft 2 und 3 % der Bausparsumme betragenden, bisweilen sogar noch höheren Verwaltungskostenbeitrags geltend. In einzelnen Fällen ist auch infolge der Kündigung des Bausparvertrags der noch nicht bezahlte, an sich ratenweise zu zahlende Verwaltungskostenbeitrag alsbald fällig. Die Beitreibung führt manchmal zum völligen finanziellen Ruin des betreffenden Sparers, falls dieser nicht in der Lage ist, auf Grund der Tatsache, daß der Agent der Bausparkasse ihm falsche Zusicherungen gemacht hat, mit Erfolg den Vertrag anzufechten.

Es handelt sich um offenbare Mißstände. Wir müssen es deshalb den Bausparkassen zur Pflicht machen, vor dem Abschluß des Sparvertrags die Sparkraft des betreffenden Sparers sorgfältig zu prüfen und Abschlüsse, die der Kasse den Vorwurf zuziehen können, daß es ihr nur auf den Erwerb von Ansprüchen auf Verwaltungskostenbeiträge ankommt, unter allen Umständen zu vermeiden. Insbesondere ordnen wir folgendes an:

a) Vor Abschluß des Bausparvertrags hat die Bausparkasse eine von dem betreffenden Bausparanwärter selbst zu unterschreibende Erklärung einzufordern, aus der sich dessen Verhältnisse ergeben. (Angaben über Alter, Personenstand, Beruf, regelmäßiges Einkommen.) Es empfiehlt sich, für diese Angaben in dem Formblatt für den Bausparantrag und den Bausparvertrag eine besondere Spalte vorzusehen.

b) Der Bausparantrag und der Bausparvertrag haben eine Aufstellung über alle Verpflichtungen auf Zahlung von Sparbeiträgen, Verwaltungskostenbeiträgen, Versicherungsbeiträgen, Kosten für Zeitschriften und sonstigen Nebengebühren, die der Bausparer übernimmt, ziffernmäßig gesondert und in klarer Übersicht zu enthalten.

2. Häufig haben die Bausparkassen einzelnen Sparern die Auszahlung des Baudarlehens zu einem bestimmten Zeitpunkt zugesichert (Terminszusagen). Solche Terminszusagen sind mit dem Wesen des Bausparens nicht vereinbar und führen in der Regel zwangsläufig zu verhängnisvollen Belastungen der betreffenden Bausparkassen. Vielfach haben wir beobachtet, daß die Bausparkassen versuchen, sich von solchen Terminszusagen durch unwahre Angaben und unrichtige Rechtsbelehrungen zu befreien, insbesondere dadurch, daß sie dem betreffenden Bausparer mitteilen, das Versicherungsaufsichtsgesetz oder das Reichsaufsichtsamt verbiete die Einhaltung der Terminszusagen. Derartige Versuche sind unzulässig; die rechtlichen Verbindlichkeiten aus Terminszusagen sind vielmehr durch das Inkrafttreten der Vorschriften über Bausparkassen unberührt geblieben.

Bei Terminszusagen, die nach dem 31. Oktober 1931 abgegeben oder zugelassen werden, handelt es sich regelmäßig um eine nach § 135 Abs. 1 Nr. 4 VAG. strafbare Abweichung vom Geschäftsplan. Wir werden, wenn wir solche Fälle feststellen, Maßnahmen gegen die betreffende Kasse ergreifen.

3. Auch die sogenannten „Zwischenkredite", mit denen sehr häufig bei der Werbung gearbeitet wird, sind in der Regel bedenklich.

a) Vielfach rufen zugeteilte Bausparer ihr Darlehen nicht alsbald nach der Zuteilung ab. Ferner wird regelmäßig das Darlehen, wenn es zu Bauzwecken gegeben wird, nicht alsbald in voller Höhe, sondern in Raten entsprechend dem Fortschritt des Bauvorhabens ausgezahlt. Einzelne Bausparkassen glauben, die danach noch nicht ausgezahlten Beträge der Zuteilungsmasse zur Hingabe von Zwischenkrediten an solche Bausparer, die zwar noch nicht zugeteilt sind, von denen aber zu erwarten ist, daß sie in nächster Zeit zugeteilt werden, verwenden zu können.

Wir werden gegen ein solches Verfahren im allgemeinen Bedenken zu erheben haben. Wenn beispielsweise eine erhebliche Minderung der Eingänge stattfindet, so kann unter Umständen der mit einem Zwischenkredit bedachte Bausparer nicht in der vorgesehenen Zeit zugeteilt werden. Die alsbaldige Rückzahlung des Zwischenkredits wird regelmäßig nicht erfolgen. Die Folge ist, daß die Rechtsansprüche der bereits zugeteilten Bausparer nicht erfüllt werden können.

Wir ordnen deshalb an, daß die Hergabe von Zwischenkrediten aus der Zuteilungsmasse nicht mehr stattfindet, behalten uns jedoch vor, im einzelnen Falle auf besonderen Antrag Ausnahmen zu gestatten.

Allgemein halten wir es für zweckmäßig, wenn in Zukunft bei der Gestaltung der Geschäftspläne die Ansammlung von Beträgen, die zwar zugeteilt, aber noch nicht abgerufen sind, nach Möglichkeit vermieden wird. Dies ist beispielsweise in der Weise denkbar, daß der Bausparer gehalten ist, innerhalb einer bestimmten Zeit sich zu erklären, ob er das Darlehen alsbald oder innerhalb einer bestimmten kürzeren Frist in Anspruch nehmen will. Ist das nicht der Fall, so verliert er seine Rechte aus der fraglichen Zuteilung. Der betreffende Bausparer wird in diesem Falle bei den folgenden Zuteilungen zunächst zu berücksichtigen sein.

b) Die Gewährung von Zwischenkrediten aus sonstigen Mitteln der Bausparkasse, also aus solchen Mitteln, die geschäftsplanmäßig nicht für die Zahlung der Baudarlehen bestimmt sind, ist an sich zulässig. Wir werden jedoch zu berücksichtigen haben, daß die Gewährung derartiger Zwischenkredite die Geschäftsführung der Kasse leicht in die Versuchung bringt, die betreffenden Sparer bei der Zuteilung zu bevorzugen. Wir werden deshalb in solchen Fällen dem Zuteilungsverfahren der Bausparkasse unsere besondere Aufmerksamkeit zuwenden.

c) Oft wird dem Bausparinteressenten, um ihn zum Abschluß des Bausparvertrages zu bewegen, die Zusicherung gemacht, die Bausparkasse werde ihm einen Zwischenkredit von anderer Seite besorgen. Solche Zusagen werden häufig abgegeben, ohne daß der Bausparkasse oder dem betreffenden Werber irgendwelche sicheren Unterlagen für die tatsächliche Beschaffung dieses „Zwischenkredites" zu erträglichen Bedingungen zur Verfügung stehen. Ein derartiges Geschäftsgebaren wird ebenfalls von uns beanstandet und hat daher zu unterbleiben.

4. Vielfach wird das Wort „Zuteilung" in einer Weise verwendet, die zur Irreführung des Publikums und der Sparer führt oder doch führen kann. Bei den Bausparern wird meist unter „Zuteilung" auch die „Auszahlungsbereitschaft" verstanden und diese Auffassung ist auch die natürliche und naheliegende; wenn dem Sparer ein Darlehen zugeteilt ist, so muß er auch die Möglichkeit haben, es abrufen zu können. Eine große Anzahl von Bausparkassen verwendet aber den Begriff „Zuteilung" in einem anderen Sinne. Die Zuteilung ist bei ihnen nicht gleichbedeutend mit Auszahlungsbereitschaft, sondern sie bedeutet nur die Festlegung der Auszahlungsreihenfolge. Von diesen Bausparkassen werden die „Zuteilungen" in großer Aufmachung in

den Werbeschriften veröffentlicht, um die verhältnismäßig geringen oder überhaupt noch nicht vorhandenen Auszahlungsmittel zu verschleiern. Wir ordnen deshalb an, daß in Zukunft die Bausparkassen nur dann „Zuteilungen" vornehmen dürfen, wenn zur Zeit der Verhandlung über die Bestimmung der zur Zuteilung kommenden Sparer tatsächlich die Gewißheit besteht, die Auszahlung an die Bausparer bedingungsgemäß vornehmen zu können.

5. In vielen Fällen wird mit Angaben über die „voraussichtliche Wartezeit" Mißbrauch getrieben. Die Bausparkassen oder deren Agenten erklären dem Bausparanwärter, „nach den bisher gemachten Erfahrungen" sei mit einer voraussichtlichen Wartezeit von soundsoviel Monaten zu rechnen, oder es werden ähnliche Wendungen gebraucht. Es handelt sich dabei meist um vor kurzer Zeit gegründete Bausparkassen, bei denen die ersten Zuteilungen verhältnismäßig schnell vorgenommen werden können. Dem Bausparer wird aber absichtlich verschwiegen, daß in derartig kurzen Fristen, wenn die Bausparkasse längere Zeit bestanden hat, keinesfalls mehr Zuteilungen vorgenommen werden können. Wir ordnen deshalb an, daß in Zukunft bei der Werbung solche irreführenden Angaben über die wahrscheinliche Wartezeit unbedingt zu unterbleiben haben.

6. a) Häufig werden von den Bausparkassen sogenannte „Hilfsverträge" zur „Finanzierung" der Einzahlung auf den eigentlichen Bausparvertrag abgeschlossen. Beispielsweise wird der Hilfsvertrag über 2000 RM, der Hauptvertrag über 10 000 RM abgeschlossen. Auf den Hilfsvertrag wird vom Sparer eine möglichst hohe Einzahlung geleistet, so daß er verhältnismäßig früh zugeteilt wird; die zugeteilte Summe wird aber nicht ausgezahlt, sondern vielmehr unmittelbar als Einzahlung auf den Hauptvertrag verwendet, damit auch dieser möglichst früh zugeteilt wird. Eine dem Geschäftsplan entsprechende Sicherstellung des auf den Hilfsvertrag zugeteilten Darlehens und die Zahlung der entsprechenden Tilgungsraten erfolgt regelmäßig nicht. Eine weitere Schädigung der wartenden Sparer besteht darin, daß häufig die gesamten Verwaltungskosten, die auf den Hauptvertrag entfallen, von dem durch den Hilfsvertrag gewonnenen und auf den Hauptvertrag neu eingezahlten Betrag abgebucht werden. Auf diese Weise wird unter Verletzung des Geschäftsplans zum Nachteil der übrigen Bausparer einer Gruppe von Sparern, ohne daß diese irgendwelche erhebliche eigene Einzahlungen leisten, ein besonders großer Teil der aufgebrachten Spargelder zugeleitet. Auch werden so Sparer zum Abschluß von Bausparverträgen veranlaßt, die weder willens noch in der Lage sind zu sparen und die späteren hohen Tilgungsbeiträge des Hauptvertrages nicht leisten können, so daß dadurch die Anlagen der Kasse gefährdet werden. Endlich

werden auf diese Weise Spargelder, die von anderen Sparern aufgebracht werden, auf Umwegen in Verwaltungskosten umgewandelt.

Wir werden in jedem einzelnen Falle, in dem wir derartige Verträge feststellen, mit Maßnahmen gegen die betreffenden Kassen vorgehen.

b) In den Fällen, in denen die Sicherstellung des auf den Hilfsvertrag zugeteilten Darlehens ordnungsmäßig vorgenommen und die entsprechenden Tilgungsraten geleistet werden, würde ein Verstoß gegen den Geschäftsplan nicht gegeben sein. Wir werden aber regelmäßige Bedenken dagegen zu erheben haben, daß der Bausparer von vornherein durch den Abschluß *eines* zweiten Vertrages an die betreffende Kasse gebunden wird und verbieten daher den Abschluß sogenannter Hilfsverträge.

7. Gänzlich unzulässig ist die bei einer Anzahl von Kassen beobachtete Übung, einzelnen Bausparern besondere Sicherheiten für ihre Einzahlung zu leisten. So wird es einzelnen Bausparern gestattet, ihre Einzahlungen in einer vom Geschäftsplan abweichenden Weise, wie auf ein zugunsten des Sparers gesperrtes Sonderkonto zu leisten. Besonders gefährlich ist die Übung, einzelnen Bausparern zur Sicherung ihrer Ansprüche Hypotheken- oder Grundschuldbriefe auszuhändigen. In solchen Fällen wird das Reichsaufsichtsamt regelmäßig weitere Maßnahmen gegen die Kasse ergreifen müssen.

8. Bisweilen wird von Bausparkassen behauptet, daß sie den Bausparern eine kostenfreie Lebensversicherung bieten oder es werden ähnliche Wendungen, wie „Versicherungsschutz ohne besondere Kosten" verwendet. Dies bedeutet eine Irreführung des Publikums, da der Entgelt für den Versicherungsschutz in diesen Fällen regelmäßig in den Spar- oder Tilgungsbeiträgen enthalten ist. Wir ersuchen die Bausparkassen, solche Hinweise in Zukunft zu unterlassen.

9. Von einer großen Anzahl von Bausparkassen werden regelmäßige Monatszeitschriften herausgegeben, zu deren Bezug jeder Bausparer verpflichtet wird. Der Inhalt dieser Zeitschriften steht manchmal im auffallenden Mißverhältnis zu den Leistungen, die die Sparer für den Bezug dieser Zeitschriften aufzubringen haben.

Wir ersuchen deshalb die Bausparkassen, ernstlich zu prüfen, ob nicht die von dem Bausparer für den Bezug der Zeitschrift zu entrichtenden Beträge ermäßigt werden können.

II.

Wir haben die Beobachtung gemacht, daß einzelne Bausparkassen ihren Geschäftsbetrieb auf das Ausland erstreckt haben. Gegen die Geschäftstätigkeit der Bausparkassen im Auslande haben wir Bedenken, insbesondere aus dem Grunde, weil für das Baudarlehen eine Hypothek auf einem ausländischen Grundstück bestellt werden muß und deshalb die Überwachung, ob das Pfandgrundstück im ordnungsmäßigen Zustande erhalten wird, regelmäßig großen Schwierigkeiten begegnen wird.

Zunächst fordern wir diejenigen Bausparkassen, die im Auslande arbeiten, auf, uns folgende Angaben zu machen:

1. In welchen ausländischen Staaten sie arbeiten; auch das Gebiet, auf das sie hauptsächlich ihre Tätigkeit erstrecken, ist zu bezeichnen.
2. In welchem Umfange bisher Bauspargeschäfte in den einzelnen ausländischen Staaten getätigt worden sind (Zahl der Bausparverträge; Höhe der Bausparsummen; Höhe der bisher eingezahlten Beträge, getrennt nach Sparbeiträgen von sonstigen Leistungen, wie Verwaltungskostenbeiträgen und dergleichen; Zahl und Beträge der bisher vorgenommenen Zuteilungen).

gez. Kissel.

II. Verordnung des Reichspräsidenten über Maßnahmen auf dem Gebiete der Rechtspflege und Verwaltung. Vom 14. Juni 1932.

(RGBl. 1932, S. 288/289.)

Erster Teil.

Kapitel V

Reichsaufsichtsamt für Privatversicherung.

§ 1.

(1) Untersagt das Reichsaufsichtsamt für Privatversicherung einer Bausparkasse den Geschäftsbetrieb (§ 87 Abs. 1, § 112 Abs. 1 des Versicherungsaufsichtsgesetzes) oder stellt eine Bausparkasse den Geschäftsbetrieb freiwillig ein, so kann das Reichsaufsichtsamt anordnen, daß die bestehenden Bausparverträge vereinfacht abgewickelt werden.

(2) Bei einer vereinfachten Abwicklung (Abs. 1) zahlen die Bausparer, die noch kein Baudarlehen erhalten haben, keine Beiträge mehr. Baudarlehen werden nicht mehr gewährt. Die Bausparguthaben werden so zurückgezahlt, wie es jeweils die flüssigen Mittel zulassen; die Abwicklungskosten werden vorher abgezogen. Alle Bausparer werden nach Verhältnis ihrer Forderungen ohne Vorrang voreinander befriedigt, gleichviel ob eine Kündigung vorliegt oder nicht oder ob einem Bausparer ein besonderer Anspruch eingeräumt worden ist, namentlich ein Anspruch auf Auszahlung des Baudarlehens zu einer bestimmten Zeit.

§ 2.

(1) Untersagt das Reichsaufsichtsamt einer Bausparkasse den Geschäftsbetrieb, so kann es anordnen, daß die Untersagung wie ein Auflösungsbeschluß wirkt. Es kann ferner die Liquidation der Bausparkasse einem von ihm bestellten Liquidator übertragen; es kann dabei zum Liquidator eine juristische Person bestellen, die der Reichswirtschaftsminister im Einvernehmen mit dem Reichsarbeitsminister als geeignet bezeichnet, ein solches Amt auszuüben. Satz 2 gilt auch, wenn eine Bausparkasse den Geschäftsbetrieb freiwillig einstellt.

(2) Die Anordnungen nach Abs. 1 werden auf Anzeige des Reichsaufsichtsamts ins Handels- oder Genossenschaftsregister eingetragen.

§ 3.

Ist einem Bausparer ein Anspruch auf Auszahlung des Baudarlehens zu einer bestimmten Zeit eingeräumt worden, so kann das Reichsaufsichtsamt unter der Voraussetzung in § 89 Abs. 1 Satz 1, § 112 Abs. 1 des Versicherungsaufsichtsgesetzes die Bausparkasse von der Verpflichtung befreien, das Baudarlehen zu einer bestimmten Zeit auszuzahlen.

§ 4.

Bei Konkurs einer Bausparkasse kann das Reichsaufsichtsamt dem Konkursgericht für die Bestellung zum Konkursverwalter jemanden vorschlagen, den es dazu für besonders geeignet hält.

§ 5.

(1) Ob eine Anordnung nach § 1, § 2 Abs. 1 § 3 zu treffen ist, entscheidet das Reichsaufsichtsamt in der Besetzung nach § 93 des Versicherungsaufsichtsgesetzes. Gegen die Entscheidung ist Berufung zulässig, die jedoch nur von der Bausparkasse eingelegt werden kann.

(2) Die Berufung gegen die Untersagung des Geschäftsbetriebes einer Bausparkasse oder gegen die in Abs. 1 Satz 1 bezeichneten Anordnungen schiebt die Wirkung der angefochtenen Entscheidung nicht auf.

§ 6.

Bis zum 31. Dezember 1934 können bei der Entscheidung über eine Berufung sowohl in Versicherungs- wie in Bausparkassensachen richterliche Beamte und Mitglieder eines höchsten Verwaltungsgerichts des Reiches oder eines Landes mitwirken (§ 94 Abs. 2, 3 des Versicherungsaufsichtsgesetzes), die der Reichspräsident für die Zeit bis zum 31. Dezember 1934, aber nicht über die Dauer ihres Hauptamtes hinaus ernennt.

§ 7.

Der Reichswirtschaftsminister kann im Einvernehmen mit dem Reichsarbeitsminister zur Durchführung dieses Kapitels Rechtsverordnungen und allgemeine Verwaltungsvorschriften sowie solche allgemeinen Vorschriften ergänzenden Inhalts erlassen, die er zur Erreichung des Zwecks des Kapitels für erforderlich hält.

§ 8.

Anordnungen nach den §§ 1 bis 3 kann das Reichsaufsichtsamt auch dann treffen, wenn vor Inkrafttreten dieses Kapitels das Reichsaufsichtsamt einer Bausparkasse den Geschäftsbetrieb rechtskräftig untersagt oder die Bausparkasse ihren Geschäftsbetrieb freiwillig eingestellt hat.

Sachregister

FSC
www.fsc.org
MIX
Papier | Fördert
gute Waldnutzung
FSC® C083411

Kolibri 360 GmbH
Ferdinand-Jühlke-Straße 7
99095 Erfurt, Deutschland
produktsicherheit@kolibri360.de